U0939759

湖南省新闻出版发展基金会资助项目

莫美 著

『正大光明，通天达地』

CNS 湖南文艺出版社·长沙
HUNAN LITERATURE AND ART PUBLISHING HOUSE

图书在版编目（CIP）数据

守道 / 莫美著. -- 长沙 : 湖南文艺出版社, 2025.
7. -- ISBN 978-7-5726-2520-6

Ⅰ. K827=49

中国国家版本馆CIP数据核字第202544C3E9号

守道

SHOUDAO

著　　者：莫　美

出 版 人：陈新文

责任编辑：耿会芬

责任校对：徐　晶

封面设计：山与水工作室

内文排版：玉书美书

出版发行：湖南文艺出版社

（长沙市雨花区东二环一段508号 邮编：410014）

网　　址：http://www.hnwy.net

印　　刷：长沙超峰印刷有限公司

经　　销：新华书店

开　　本：880mm × 1230mm　1/32

印　　张：8.75

字　　数：180千字

版　　次：2025年7月第1版

印　　次：2025年7月第1次印刷

书　　号：ISBN 978-7-5726-2520-6

定　　价：52.80元

道也者，不可须臾离也。

——《中庸》

主要人物

谢振定，字芗泉，翰林院编修、江南道监察御史，署兵科给事中。

张士元，字翰宣，举人，谢振定门生。

昭梿，字汲修，礼亲王之子，谢振定门生。

纪昀，字晓岚，礼部尚书，署都察院左都御史。

和珅，内阁大学士、军机大臣、户部尚书、刑部尚书、理藩院尚书，兼内务府总管、翰林院掌院学士，封一等忠襄公。

王钟健，字仲乾，礼科给事中。

钱沣，字南园，湖广道监察御史，军机章京。

管世铭，字缄若，江南道掌印监察御史。

富纲，满洲正蓝旗人，漕运总督。

袁枚，字子才，号简斋，世称随园先生，一代文豪。

王文治，号梦楼，著名书法家、诗人。

一

西斜的阳光，把行人的影子拉得很长很长。谢振定迈着轻快的步伐，踩着斑驳的光影，走在回家的路上。桂花开得正欢，香气弥漫，沁入肺腑，便有丝丝甜意。逆光中，看那桂花，米粒般大小，一簇一簇，密密麻麻，仿若绿叶丛中缀着碎金。时间还早，申时正吧。朝廷规定，必须过了申时才能下班，但谢振定和掌印御史管世铭打了招呼，提前一点离开，也是合规合矩的。

谢振定有喜事，今晚要请客。

中秋前后，谢振定喜事连连，而且都是意外之喜。

先是山东曲阜孔府修缮征联，他夺得头名。去年，户部拨出专款，修缮孔府。山东巡抚趁机上奏，请乾隆爷题词，请京师的文曲星们写对联；又向和珅、纪晓岚写信，请求玉成。乾隆爷很是高兴，安排和珅、纪晓岚操办。有道是，翰林院文章，太医院药方，光禄寺茶汤，銮仪卫轿杠。和珅、纪晓岚便在翰林院和几个史馆广为发动。谢振定觉得自己才气、名气都不够，没准备写，但禁不住纪晓岚、管世铭、钱沣等文朋诗友的怂恿，便也搜索枯肠，写了一副：

守道不移金鼎重

居身常抱玉壶清

写好之后，他请纪晓岚、钱沣等人指正。钱沣说很是一般，不能体现芗泉的水平。纪晓岚说写得好，工整平实，但过于平实，不够空灵。京城的文人学士写了上百对联，和珅、纪晓岚等选来选去，谢振定写的那副进了前十。实在没有想到，万岁爷竟将其拔为头筹。谢振定仔细看了所有入选对联，觉得自己的也好不到哪里去。这不是意外之喜吗?

再是他从翰林院编修擢升为监察御史，连升了三级。

五品京官中，都察院的给事中、监察御史是最令人向往的。

汉人进都察院，任六科给事中、十五道监察御史，必须正途出身，德才兼备，选拔对象主要为编修、检讨与郎中、员外郎。一旦入列，不仅地位高，而且升转快。一般来说，三到四年便会升迁，并且往往是越级擢升。所以，已是五品官的部院郎中、员外郎，到都察院任同等品级的给事中、监察御史，都感到是朝廷重任，前途光明，脸上有光。谢振定无论是在翰詹大考中，还是在京察中，都名列前茅，但他总觉得升迁没那么简单，也就没抱多大希望，安安心心在翰林院抄抄写写。真没想到，还就这么进了都察院，当了监察御史，这不是更有实际意义的意外之喜吗?

礼部尚书、署都察院左都御史纪晓岚，便要谢振定请客。谢振定自然连声应承。他本就好客，没事找事都要找人喝几杯的，何况还真有冠冕堂皇的由头。恰好过几天便是八月二十七日，孔子生日，每逢孔子、孟子及李白、杜甫等人生日，文朋诗友是要聚一聚的，谢振定便定了这天请客。纪晓岚说，和珅和大人关心谢振定，应该把他请来。谢振定愣了愣，说，和大人不会来的。纪晓岚便说他负责请来。谢振定说，诗社聚会，他来不好。纪晓岚知道谢振定有时固执，也就没有再说。

谢振定个高，腿长，加上心情愉快，一晃一晃，很快便晃出正阳门，晃过上斜街，进了乐恺堂。闻到淡淡的肉香味，他咽了一下口水。伙房外，廊檐下，张士元正在剖鱼，蔺然正往灶里添柴。看见谢振定进来，都停下手里的活计，站起来，微微笑着。谢振定打过招呼，走到灶前，揭开砂锅锅盖，香气喷涌而出。他用筷子在水膀上一戳，轻松插了进去，便说："可以了。热着就行。"蔺然粲然一笑，说："那就不添柴了。"

张士元又蹲下剖鱼。谢振定说："翰宣，剖完这鱼，你就休息吧。"张士元说："我在这里帮帮蔺然。"

谢振定说声"也好"，便进了客厅。太太君美坐在那里闭目养神，手里还拿着针线，膝盖上有一条裤子。谢振定和君美说了几句，来到儿子兴峣、兴峘房间，见两人正在认真读书，便笑了笑，转身出来，朝知耻斋走去。

知耻斋是乐恺堂最大的一间房子，有其他房子三间那么大，北面靠窗摆一大书案，南面进门靠窗置一茶儿，茶儿旁有六把椅子，还有几条小凳，东西两面，全是书架。读书，写字，待客，与人聊点什么，全在这里了。许多时候，他就整天待在这儿。只有蔺然不时进来泡泡茶，磨磨墨。

知耻斋里，蔺然提来开水，在那里泡茶。谢振定坐在茶几旁，喝着茶，不时看看蔺然。蔺然是七年前进入乐恺堂的，那时还不满十岁，谢振定待她如同己出，让她习字读书。可她满了十四岁，便不愿再去上学，只在家里学做针黹，学煮饭菜。蔺然心灵手巧，只一年多时间，便样样精通。去年开始，厨房里便是她为主操持了，只有客人多时，才让其他人帮帮忙。

外面响起脚步声，谢振定立马起身，走到门外，见是礼亲王永恩和他的儿子昭梿，连忙抱拳相迎："亲王驾到，蓬荜生辉。有失远迎，罪过罪过。"礼亲王也就抱拳还礼："诗友有喜，理当祝贺。"昭梿把个精致的礼品盒递到谢振定面前，说："父亲知道谢大人是理学信徒，恰好前几天弄到一套古书，明代黄鲁曾刻印的《孔子家语》，就带来了。不成敬意，请笑纳。"谢振定笑盈盈双手接过，说："太看起了。谢谢亲王，谢谢汲修。"

三人说笑着进了知耻斋，在茶几旁坐下。蔺然泡好茶，悄然而出。礼亲王端起茶杯，呡了一口，赞道："好茶，好茶。是不是君山银针？"谢振定说："正是君山银针。亲王好功夫。"礼亲王望望门口，又说："此女即你收留之胡知府侄女？"谢振定便又点头："正是。"礼亲王连连颔首："佩服，佩服。"

一时无话。谢振定微笑着望着礼亲王父子，一脸的敬佩和感激之情。礼亲王虽贵为铁帽子王，位高权重，却喜欢写写画画，便和谢振定等人有了交往。今晚的聚会，谢振定没想也不敢请他出席，只要昭梿参加，但他知道了，却自请出席。六十多岁的人了，这么高的地位，主动参加一个无所谓的聚会，还送了自己喜欢的书，确实给足了面子。

“请问谢大人，”礼亲王轻声问道，“书斋名有什么特殊的含义吗？”

“没有，没有。”谢振定笑道，“振定认为，人生好学、力行，非勇不成，知耻近乎勇也，便取名知耻斋。无非告诫自己，做学问也罢，做事也罢，都难，要有勇气。”

“浅显而又深刻啊！”礼亲王感叹道。

“嗯，嗯——”昭梿连连点头。

礼亲王便又把脸转向昭梿：“十八九岁的人，不小了，也该向谢大人学一点点，不要整日游手好闲，吊儿郎当。”

“是，是——”昭梿又连连点头。

昭梿字汲修，读书不甚卖力，但颇有灵性。谢振定正要说些汲修世子不错的话，纪晓岚来了，后面还跟着王钟健，便连忙起身迎客。纪晓岚握着根长长的旱烟杆，王钟健却提着个大礼品盒。“一点大同黄花。不成敬意。”王钟健一本正经地说。谢振定略一迟疑，便双手接过，说：“前辈这么客气。振定如何敢受？”纪晓岚见谢振定有点难以为情，便说：“大同黄花好啊，颜色好，味道更好，贡品呢。芗泉，晚餐就弄一点吧。”谢振定忙说：“好，好的。”

蔺然进来泡茶。纪晓岚双眼放光，死死地盯着蔺然的脸看。蔺然转过身，纪晓岚就偏过头。礼亲王脸上露出略带嘲讽的微笑。谢振定也觉得纪大人有点过分。蔺然自己也感觉到了，脸上飞起一朵红云。谢振定说：“蔺然，这里有上等的大同黄花，加上这个菜。”

蔺然应了一声“好的”，这才恢复自然，她迅即泡完茶，提着黄花菜悄悄走了。

“芗泉好福气啊！”纪晓岚感叹道。谢振定不明就里，正尴尬着，礼亲王说：“芗泉可不是纪大人啊！”一句话就把话题引到了纪晓岚身上。纪晓岚正中下怀，用谢振定家乡的土话说，就是作田汉子到了秧田里。

王钟健正襟危坐，只听，不参与议论。对于他的到来，谢振定颇感意外，也多少有些不悦。王钟健是山西文水人，比谢振定大了八九岁，也早几年考中进士，官已当到掌印给事中，正五品，在同僚中声誉不怎么好。他是纪晓岚的门生，又跟着纪晓岚修了几年《四库全书》，修完后才提拔为监察御史，再提为给事中。他多次到八旗馆来找纪晓岚。谢振定和他就是这么认识的，属不生不熟、不冷不热的关系。今晚的聚会，谢振定没有请他。

“不速之客”，谢振定刚想到这一成语，却又来了一位不速之客。

那位不速之客则完全是一位生人。

那是一个二十七八岁的年轻人，跟在管世铭、钱沣后面进来的。“我给各位介绍一位新朋友，”钱沣一进门就指着那年轻人，朗声笑道，“这位，舒位先生，字立人，号铁云，吴中才子，诗写得好，诗论更棒。”昭梿忙起身抱拳：“幸会，幸会。”舒位只抱抱拳，没说任何客套话。钱沣介绍完舒位后，才向舒位介绍谢振定，再一一介绍礼亲王、纪晓岚、王钟健等人，舒位还是只抱抱拳。礼亲王、纪晓岚便有些不悦。王钟健面无表情。谢振定正想找句什么话说说，还是昭梿反应敏捷，瞬间打破僵局：“立人先生是满人吧。”舒位这才点头笑道：“铁云祖籍直隶大兴，父辈才到江南。”

这时，张士元来到门口，笑着对谢振定说：“老师，该您露一手了。”

谢振定迅即起身，打个招呼，便到厨房去了。他喜欢煮的两道菜，一是大水膀，一是三合汤。说拿手，还是有点夸大其词。那个大水膀，简直太容易了，只要选好猪膀，洗净，放入砂锅，清水文炖两个时辰左右，上桌前再放点盐、撒点葱花即可。要说有点技巧，就是把握火候，做到烂而不糜。这点功夫，人人都有，他也并不认为自己有什么长处。但纪大学士吃过后，大加赞扬，说如何如何好，吃了还想吃，只有芗泉做得出，水膀就成了他芗泉的拿手菜了。他疑心纪大人是故意奉承的。倒是那个三合汤，确还有点特色。虽只是牛肉、牛血、牛肚或牛百叶三样主料，但从选料开始便颇有讲究。最好是黄牯之里脊肉、水牯之牛血、母牛肚或百叶。肉切薄片，越薄越好；牛血切条，不硬不软；牛肚或百叶既要洗净，又不能洗去外面那层黑膜，否则就欠甜味。爆炒倒是简单，锅洗净，烧干，放油，烧至五成热，放入姜、蒜，爆炒一会，放入牛肉片，放点干红辣椒粉，炒至油成红色，再放适量清水，煮开后，放醋，再放牛肚或百叶，煮几滚，盛到碗中，放点山胡椒油，撒上葱花，一道鲜嫩香甜、微酸微辣的美味就出来了。这道菜，除了自家人，管世铭、张士元等也特喜欢。有一次，管世铭患有风寒，吃了几碗三合汤，吃得满身大汗，次日，风寒竟奇迹般好了。管世铭大喜，总结芗泉的三合汤有祛寒、散气之功效，还赋诗一首，写上后记，称芗泉真正的拿手好菜只有一个，就是三合汤，并称京师独此一家。其实，独此一家的只是山胡椒油，北方也有山胡椒，但一般不会熬油。

谢振定很快煮好三合汤，便去知耻斋请客入席。众人便一齐来到餐厅，一番推让后，礼亲王坐了左边上座，纪晓岚坐了右边上座，管世铭、钱沣、王钟健、舒位依次坐了一二三四席，谢振定坐了左边下座，正对着礼亲王。昭梿坐右边下座，对着纪晓岚。张士元和其他诗友坐另一桌。

八仙桌上，已上大同黄花、花生米、木耳、酸萝卜四个冷盘，大水膀、三合汤、炖鸡、炒鸭四道热菜。谢振定说了几句客套话，便开始喝酒吃菜。纪晓岚夹了一大坨水膀，放在碗里，吃得嘴角流油，连说“好吃好吃，这才过瘾”。管世铭、钱沣舀了一大碗三合汤，也在猛吃猛喝，额角已经流汗。舒位也在猛吃炖鸡肉。礼亲王只吃了一点大同黄花，便微笑着望着他们吃，不时向谢振定笑笑。吃喝一会，开始边吃边聊。话题自然集中在礼亲王身上。原来，礼亲王永恩五代祖爱新觉罗·代善，为四大贝勒之首，战功赫赫，实力雄厚，努尔哈赤逝世后，完全可继承汗位，但他却从大局出发，主持诸贝勒拥戴皇太极继承汗位。皇太极继位后，虽封代善为和硕礼亲王，世袭罔替，不久即斥责代善越分妄行，轻君蔑法。代善终皇太极一朝，因年长位尊而遭压抑，赋闲家居，不问朝政。皇太极逝世后，代善为消弭内争，再次拥戴皇太极第九子福临即位。他在两次争嗣斗争的关键时刻，敢于直言，使入关前两代嗣位得以顺利进行，稳定了清军入关前统一的大局。康熙皇帝称赞他“忠冠当时，功昭后世”。因此，在八大铁帽子王中，礼亲王一支一直是居于首位的。这些史事，各位均耳熟能详，但还是津津乐道。

“无私自有悲哀，”舒位忽然感叹道，“如果礼亲王代善不是那么无私，也许今天坐在这里的礼亲王，就不是——”

“不得无礼！”舒位话未说完，礼亲王就眉毛一竖，大喝一声。

钱沣向舒位扬了扬手，摇了摇头。

“来来来，喝酒，喝酒。”谢振定左右望望，端起酒杯，打破刚刚出现的尴尬。

慢慢地，话题聊到谢振定的对联上。大家便又分析这副对联如何好如何好。钱沣说：“我写了几百首诗，抵不上芗泉一副对联。”

纪晓岚望望钱沣，说：“南园，你何时变得这么谦虚了？”

管世铭笑道：“今天吧。”

谢振定看到钱沣满头大汗，憨态可掬，笑道：“南园前辈，您是看在三合汤的分上吧。”

“冤枉，冤枉。”钱沣连声叫屈，“我原来说过，知我者，芗泉也。今日收回。”

管世铭说：“只怕没有冤枉。”

大家便望着钱沣笑。

“谢大人，我敬您一杯。”舒位忽然端着酒杯站了起来。

“不敢当，不敢当。”谢振定便也端起酒杯，站了起来。

“我敬酒是有原因的。”舒位仰着头，眼睛望着天花板，缓缓地说，“我正在编一本叫《大清诗坛点将录》的书。准备选一百零八位诗人，仿效《水浒传》，一一排座次。”

众人立即被他吸引住了，睁大眼睛望着他。

“谢大人入不入呢？我一直在犹豫。”舒位停了停，把脸转向谢振定，“您的诗，写得好，但能传诵的不多。像那首写扬州的诗，‘酒痕红到绿杨城’一句，简直是神来之笔。可惜，这样的诗句，太少了，太少了。所以，我犹豫难决。入，好像有点勉强。不入，又好像有点可惜。今天，我不再犹豫，因有这副对联，您肯定入围。所以，我要敬您一杯。”

众人哈哈大笑，都对谢振定说要喝，要喝。

“那就太看起了。”谢振定微笑着端起酒杯，与舒位碰了，一饮而尽。

包括礼亲王在内，大家都对舒位的《大清诗坛点将录》来了兴趣，问他各位诗人排位的情况。舒位说，现在还未定稿，只能告诉各位，前三位已经确定，托塔天王沈归愚（德潜），及时雨袁简斋（枚），玉麒麟毕秋帆（沅）。大家觉得他的排位很是在理。

谢振定想起忘年之交王文治，便问：“京口王文治进入了吗？”

舒位马上点头：“进入了，当然进入了。暂定病关索王梦楼，排第三十二位。”

谢振定又想起诗友曾燠：“扬州知府曾燠呢？”

舒位说：“也入了。初定八十二位，云里金刚。”

管世铭不怎么写诗，听舒位这么一说，觉得很有新意，便问：“芗泉进入了。南园呢？”

舒位说：“肯定进入了。”

“排位呢？”

"未定。"

"芗泉排位定了吗？"

"也未确定。"

"一百零八吧。"谢振定连忙说，"能够进入，就要感谢铁云呢。"

"确实，"舒位连连点头，"能够进入，就非常不错了。"

管世铭意犹未尽，又问舒位："你呢，你自己也有个位置吧？"

"我当然有个位置。"舒位笑笑，说，"不瞒各位，我暂定十三位，没羽箭舒铁云。"

哈哈哈哈，众人大笑起来。

托塔天王沈德潜，已经去世二十多年了，在座人员，只有纪晓岚、礼亲王和他相识。毕沅呢，乾隆庚辰恩科状元，现任湖广总督，诗文俱佳，因与和珅打得火热，不太好说。大家便聊及时雨袁枚。舒位说出他为袁枚初拟的赞词："非仙非佛，笔札唇舌，其雨及时，不择地而施，或膏泽之沾溉，或滂沱而怨谘。"纪晓岚刚说妙哉妙哉，看见蔺然进来倒茶，便两眼发直，盯着蔺然。管世铭说："纪大人，接着说呀！"纪晓岚眼睛还是盯在蔺然身上，直到蔺然出去，才说："我刚才说什么来着？"管世铭故作思索状，一会才说："好像是说蔺然。"众人便哈哈大笑起来。

话题便自然扯到女人身上。刚聊几句，礼亲王便站起来说："芗泉，各位，我先走一步了。"众人便一齐站起。昭梿轻声说："我可否慢走一步？"礼亲王朗声应道："好，好。"

众人把礼亲王送到马路上，待礼亲王坐轿走了，才又回来。八仙桌已略加收拾，凳子也撤了一条。纪晓岚便独霸一方。话题还是回到袁枚、回到女人身上。纪晓岚吹了一阵之后，出现短暂的冷场。谢振定便说出袁枚关于男人爱色的一段高论来。原来，六年前，也就是乾隆五十三年，谢振定主持江南乡试，一天晚上，与袁枚、王文治等十来个江南名士一起喝酒论诗，聊到女人，袁枚说："怜香惜玉而不动心者，圣也；怜香惜玉而动心者，人也；不知玉不知香者，禽兽也。人非圣人，安有见色而不动心者？其所以知惜玉而怜香者，人之异于禽兽也。"

纪晓岚抚掌笑道："简斋，真吾兄弟也。"

管世铭也就笑道："南袁北纪，固兄弟也！"

纪晓岚又问："据说简斋女弟子众多，是吗？"

谢振定点头："是的。"

"到底有多少？"

"不清楚。去年，他在一封信中提及，有人为他绘了《随园十三女弟子湖楼请业图》，那就至少有十三个吧。"

"你见到过吗？"

"见过几个。"

"漂亮吗？"

"漂亮。"

"你们喝酒那天晚上，有女弟子参加吗？"

"有啊！佩香夫人参加了。"

"佩香夫人漂亮吗？"

"漂亮。"

"你和她干了杯吗？"

“干了啊！”

“佩香夫人是先会写诗再拜师呢，还是拜师后才会写诗呢？”

“应该是先会写诗。她想拜袁枚为师，便赋诗一首，袁枚看了前两句，‘慕公名字读公诗，海内人人望见迟’，就喜欢得不得了。”

“据说女弟子中，他和佩香夫人感情最好，是吗？”

“准确些说，应是评价最高。袁枚称赞佩香夫人的诗‘字字出于性灵，不拾古人牙慧，天机清妙，音节琮琤’‘其佳处总在先有意而后有诗’。因此，佩香夫人被他称为‘闺中三大知己’之一，还被称为‘第一女弟子’。”

“还知己呢。啧啧。”纪晓岚一脸的羡慕，他喝了一口酒，吃了一大块水膀，满嘴流油，自顾自地说，“江南真好。那么多漂亮女人学写诗。京师诗人多，就是没几个好女史。”

众人便望着他，无声地笑。

“我几次陪乾隆爷下江南，到过很多地方，就是没有见过袁简斋，更没见过女诗人。无缘，无缘。”纪晓岚很是感慨，一副心驰神往的神态。

这时，张士元过来提醒说：“诗社活动。”谢振定便站起来，清清嗓子，大声说：“各位诗友，今天是孔圣人生日，我们聚会，就从《论语》中找话来分韵作诗吧。各位觉得怎么样？”众人都说好。张士元便递来朱熹的《论语集注》。谢振定接过，又说：“我们请纪大人来选，好吗？”众人便又说好。谢振定便把书送到纪晓岚面前。纪晓岚接过，却不翻书，想想，便说：“我从《论语》中选两句：礼之用，和为贵；德不孤，必有邻。你们分韵吧。”众皆称妙，佩服，佩服。

谢振定分韵得“贵”字，钱沣分韵得“和”字，管世铭分韵得“德”字。谢振定最先成韵，站起来，念了一遍，众人都说好，好，便一个一个轮流敬酒。

这晚的酒，喝到一更之后，除了王钟健之外，其他人都喝醉了。

二

都察院衙门设在天安门外右侧，左邻太常寺、銮仪卫，右舍刑部、大理寺，对面是宗人府、户部、吏部、礼部。谢振定走进都察院门厅，总要在屏风前默默站立一会。屏风上，“都俞吁咈”四个金色大字格外耀眼。四字为康熙皇帝手书，中规中矩，健壮饱满。大字之下，还有一行小字：“言路以都俞吁咈勉之，则上不亏于天，下不失人臣事君之大义，故书《尚书》都俞吁咈四字赐之。”谢振定知道，都、俞、吁、咈，出自《尚书》，均为叹词，君臣论政，臣以为可，则曰都、俞；以为否，则曰吁、咈。康熙皇帝赐这四字的意图，非常明显，就是勉励监察官员，对于皇上的主张，是对是错，应该直言不讳。谢振定忽然觉得作为一名监察御史，肩上的责任，是一个翰林院编修无法比拟的。只要在这里静静地站一站，便觉浑身是劲。

都察院共有满汉御史五十六人，分十五道对各省及部院进行监察。不过，各道人数大为不同，职能相差也很大。谢振定所在的江南道，就有八名御史，其中掌印监察御史满汉各一人，监察御史满汉各三人。而四川、广东、广西、云南、贵州等道，则只有掌印监察御史满汉各一人。人多就事多。江南道的职能，是稽察户部及宝泉局、左右翼，监督京仓，总督漕运，磨勘三库奏销，掌核江苏、安徽刑名。别看文字这么短，事却多着呢。如宝泉局光铸造钱币的工坊就有四个，京仓（粮库）就有十二个，漕运更是面广、线长、人多、事杂、权重。这些单位管钱管粮管物，权力很大，监察的任务也大，都落在八个御史身上。当然，还配有笔帖式三人，经承四人，但那是指一方打一方的辅助人员，不负监察责任。

谢振定在都察院，上有署左都御史纪晓岚、江南道掌印御史管世铭，下有经承张士元，与其他同事关系也不错，干起事来还是挺方便的。与翰林院的单调刻板相比，都察院则是丰富活跃，几乎每一件事都有新鲜感。戏台上演出的击鼓鸣冤、三堂会审，谢振定上任不久，便都亲历过。

这天上午，谢振定刚刚进入公廨坐下，纪晓岚便提着根长长的旱烟杆来了。他说："芗泉啊，那晚在你家喝多了，有一事忘记讲了。"谢振定便做恭敬状，微笑着侧耳倾听。纪晓岚吸了一口烟，问："你家那个蔺然啊，多大了？"谢振定答："十六岁了。""哦，难怪。"纪晓岚说，"女大十八变呢。我去年底在你家喝酒，她还是一个黄毛丫头，一点也不起眼。几个月不见，竟出落成一个美人坯子了。十六七岁，女孩子长得起飞啊！"纪晓岚感叹一声，又吸烟去了。原来忘记讲的事，就是说蔺然啊，那老不正经的，谢振定心里直想笑。纪晓岚抽完一锅烟，望着谢振定无声地笑了一阵，才说："我仔细观察了，那丫头对你有意思呢。你于她有恩，她对你有情，这就叫恩情。嘿嘿。"谢振定大吃一惊，忙说："纪大人莫开玩笑，我们是父女关系呢。”纪晓岚笑道：“什么父女？没有立据，没有做酒。你只不过凭着一腔侠气，收留一个孤女罢了。况且，她也没喊你父亲，而是喊你叔呢。”谢振定说：“我是把她当女儿一样看待的。兴峣、兴峘都叫她姐呢。”纪晓岚说：“你是那么看的，可那丫头不是那么想的。她对你的感情，绝对不是父女之情，我瞄一眼，就一清二楚。这一点，错不了。你是个正人君子，不会那么想的。你可能还想当袁简斋所说的圣人吧。哈哈。”

纪晓岚的朗声大笑，笑得谢振定心猿意马。他心里有点乱，一时不知怎么说好。蔺然，蔺然自小父母双亡，跟着爷爷奶奶、叔父叔母生活。叔父胡文铨，乾隆四十年进士，历任富平知县、广德知州、宁国知府、常德知府，浙江山阴人，寄籍顺天大兴。胡氏一家住在谢振定隔壁。胡文铨出奇的清廉，他在任上死后，三年之内，全家又死了七人，竟无钱安葬，都是谢振定善后的。留下个蔺然，成了谢振定养女。谢振定以前一直认为，在蔺然的心目中，自己就是个救苦救难的观音菩萨。纪晓岚这么一说，谢振定忽然觉得，蔺然好像是有另外那么一点点意思呢。

“芗泉，还有一事，我觉得也应该和你说说。”纪晓岚就换了话题。

谢振定轻松了，连忙笑道：“您老请说。”

“你那对联，确实写得好。”纪晓岚说，“但放第一呢，还是放第二，甚至于放更后面一点呢，是没有绝对标准的。文无第一嘛！我觉得，这事与和珅和大人关系很大。再一个，你擢升为监察御史，和大人至少没有反对。他一反对，绝对泡汤。所以，你应该去感谢感谢才对。”

谢振定又呆了。纪晓岚讲的自然在理，谢振定自己也心知肚明，但他实在不想去。想去的话，不用提醒，早就去了。

“我知道你不想去。”纪晓岚说，“你不去钻营，我赞赏。但你去答谢，是人之常情。你去了，和大人高兴，别人也认为在理，不会说什么。你不去，和大人肯定不高兴，别人也认为你不近情理。常理常情，最好是不要违背。你说是吗？”

谢振定点了点头，呆呆的。

“其实，”纪晓岚又说，“还有刘墉刘大人，也是值得感谢的。你擢升监察御史，能绕过吏部尚书吗？”

谢振定还是呆呆地点了点头。

纪晓岚抽了一锅烟，见谢振定还是愣在那里，毫无反应，提着烟杆便往外走。谢振定回过神来，几步跨到门外，纪晓岚已经走出丈多远了。

和珅比谢振定虽只大三岁，但谢振定中进士入翰林院时，和珅已是御前大臣，统辖内廷事务，侍直乾隆皇帝左右。那时的和珅，刚满三十，年轻，能干，廉洁，虽也有人说他不是，甚至有人弹劾，但总体形象良好。翰林院的庶吉士们，经常议论和珅，一些年轻学子，更是把他奉为楷模。几个月后，父亲亡故，谢振定回家丁忧。不久之后，母亲又故。丁忧期满，谢振定回到翰林院时，和珅已由兵部尚书转任吏部尚书，文华殿大学士，管理户部，还是一等男爵，可谓高高在上了。朋友们议论和珅，有人现出一副不屑之态。原来，和珅从担任国史馆总裁开始，便大兴文字狱，把反对他的文人诬为“私藏逆书”“禁逆不力”“多含反意”“诋讪怨望”，作为罪证，消除异己，顺我者昌，逆我者亡。慢慢地，和珅建立了自己的权力体系，这个体系里，上至朝廷大臣、地方督抚，下到宫廷太监、宫女，人员多，能量大。官员一旦投靠和珅，很快便可升迁。一些翰詹科道官员，千方百计接近和珅，谢振定却避而远之。

散馆后，谢振定进入国史馆担任纂修时，和珅已经离开。他与和珅真正有所接触，是在八旗馆。因为乾隆爷特别看重《八旗通志》的重修，和珅便经常到八旗馆来走走，帮助纪晓岚解决一些具体问题。原《八旗通志》从雍正五年开修，历时十二年，至乾隆四年成书。乾隆对此书最为不满的，是清朝开国功臣的传记：一些功勋卓著的，只有寥寥数字；一些功劳少的，反而洋洋万言。因为原来的编撰者，主要是根据传主的家乘来编撰的。文字多的，删减还不是太难。文字少的，没有家乘参考，甚至后人都没有了，只有一些口口相传的故事，又口径不一，这就不是一般的难了。纪晓岚把这难啃的骨头给了谢振定。谢振定认为，做学问也好，办实务也好，必须勇字当头。要啃就啃硬骨头，啃不下是自己没本事。他寻找蛛丝马迹，反复求证，厘清史实，不到三年，竟完成了近百人物传记的修订。对于修订的《八旗通志》，乾隆爷不仅过问进度，而且每篇必看，还作批语，竟多次表扬谢振定的人物传记。乾隆爷的表扬，大多是和珅来传达的。这时的和珅，和乾隆爷对了亲家，已封一等忠襄公，是内阁首席大学士、领班军机大臣、户部尚书，兼任翰林院掌院学士、内务府总管、领侍卫内大臣、步军统领，还兼管太医院、御药房。他在朝中的地位，真正的只在乾隆爷一人之下了。尽管和珅地位如此显赫，掌院学士又是自己的直接主官，谢振定还是只客套应付，并未靠近。

谢振定也感觉到了，和珅对自己还真有那么一点意思。如果上门感谢，岂不正中下怀？不去呢，真如纪大人所说的不近情理吗？

至于刘墉，虽官至吏部尚书，大权在握，但谢振定内心更看不起。京师官场流传这么一个故事：刘墉任外吏时，清勤刚正，官声尚可。但进入朝廷担任尚书后，却声名顿减，简直判若两人。和珅炙手可热，刘墉委蛇其间，惟以滑稽悦容。一天在军机处与和珅等一起吃饭，有人提及唐宋时宰相吃堂餐的故事，刘墉吟道："但使下民无殿粪，何妨宰相有堂餐？"殿粪虽为痛苦呻吟之意，但吃饭时讲出粪字，还是不雅，因而一座为之喷饭。钱沣对刘墉的看法则完全不同。钱沣说他弹劾山东巡抚国泰时，乾隆爷令和珅、刘墉负责查办，钱沣参与办案。国泰是和珅的人，自然要千方百计庇护，是刘墉斗勇斗智，才把案子办个水落石出，乾隆爷谕令，国泰狱中自尽。因此，当谢振定提出刘墉在和珅面前唯唯诺诺时，钱沣说："也许，刘大人有难言之隐吧。"谢振定知道钱沣的话肯定在理，但并未改变对刘墉的看法，同时，也未见得刘墉对自己有多好。因此，上门感谢，根本不在谢振定考虑之列。

谢振定本是一个处事果断之人，但是否前去感谢和珅，却犹豫不决。他还和张士元商量过，张士元倒是赞成纪晓岚的观点，认为无论如何，应该要去表示谢意。谢振定笑道："这是不是'援上'呢？《中庸》有言：在上位，不陵下。在下位，不援上。正己而不求于人……”

张士元笑笑，没说什么。谢振定又说：“只怕还不只是简单的‘援上’。”张士元说：“其实恩师的主意已经很牢稳了。”

重阳节那天，谢振定走进都察院，径直来到左都御史公堂，站在纪晓岚对面，讲述了昨晚所做的梦：

不知何时何地，谢振定在河边散步，田里稻子已经成熟，一片金黄。忽然，路旁稻田中，拱出一张书案来，怕有晒垫那么大，书案旁，一个大砚池，状如水缸，砚池上搁着一支笔，拖把一样。谢振定手痒，走上前去，双手握笔，蘸上墨，唰唰唰，一口气写下了黄山谷的一首诗，字大如盆，酣畅淋漓。他记得非常清楚，写“淮南二十四桥月”“想得扬州醉年少”时，感觉特别好。

谢振定说完，请纪晓岚解梦。纪晓岚却不慌不忙地写着，记完，放下笔，才抬头笑道：“这梦不用解。太简单了。你很快便会重游江南。如果应验了，我会写进《阅微草堂笔记》。”

“会应验吗？”谢振定笑问。

“应该不难。”纪晓岚说，“巡漕啊，巡盐啊，查案啊，机会很多的。”

“能够进入大作，那就太荣幸了。”谢振定笑笑，离开了左都御史公堂。

《阅微草堂笔记》是纪晓岚随时记载的小说集，谢振定看了百余篇，尽是些奇闻异事、乡野怪谈，文风质朴简淡，颇有宋代笔记的味道。凡是看过的人，纪晓岚都拜托过，如有什么好的素材，一定要提供给他。谢振定提供过几则，他都摇头，想不到这么一个梦，他却说可以进入。

刚到公廨坐下，谢振定还在回想那梦，忽然听到嘭嘭嘭嘭的敲鼓声。一会，掌印御史管世铭进来，笑道："刚才击鼓鸣冤的人，是江苏镇江府的，你去接待一下吧。"

谢振定笑笑，连忙起身，来到大厅，走进接待室，开始接待。庶民百姓遇有冤抑，都是逐级上告，告到总督、巡抚那里，巡按不准，或审断冤枉，无路可走而又心有不甘，才来击鼓鸣冤的。皇上对此非常重视，都察院堂官及各道监察御史自然不敢怠慢。

原来，这奏告之人是镇江府丹徒县生员，姓易名容，现年二十九岁，种田四十五亩，家境殷实。乾隆五十五年，丹徒大水成灾，有的户颗粒无收。官府进行勘查，朝廷给予减免。但粮书朱超宗、陈念曾等人，不仅没有豁免，反而以高于市价征收：每石漕米折收制钱六千三百八十文，每两地丁银折收制钱一千九百八十文。乾隆五十七年，易容担任图保，这年十二月，他赴仓缴纳漕米，在朱超宗指使下，被锁押监狱，勒令他代垫十二户粮银四两八钱。次年正月，陈念曾以漕米每石定价向其勒折制钱六千五百九十文。呈词后面，附有易容缴纳钱粮的印票。

看过呈词，谢振定初步判断案情大体不假，但他还是询问了一些情况。这位生员能说会道，对答如流，且用词特别准确。如，讲到朱超宗的贪墨，据说每石漕米收取制钱六千三百八十文，只交本县五千二百文；粮银每两折收制钱一千九百八十文，只交本县一千八百文。其余钱文，全都中饱私囊。很多士绅都这么说，但本人不知情况是否属实。再如，讲到其他几起生员进京控告的情况，其中一位姓宋的生员，四十来岁，家里有田一百六十余亩，每年应缴漕米十四石零，钱粮银十四两零，并未拖欠。朱超宗令其垫交本图花户所欠粮银，遭到拒绝，便将其锁押。宋姓生员告到巡抚那里，巡抚批给知府，知府不为传审，便进京控告。不知是告到步军统领衙门还是都察院，总之，案交江苏巡抚审理。但宋姓生员却在解往备质途中死亡。

“你认识那位宋姓生员吗？”

“认识。本县生员大多认识。”

“你到他家里去过吗？”

“去过的。”

“他死后还去了吗？”

“还去了。”

“验尸了吗？”

“验了。说是死于疾病。押解役人并无凌虐情弊。”

“家人相信吗？”

“老爷，家人不信有什么办法？”

“人死了，案子还是要审。你知道审理结果吗？”

“知道。”

谢振定没有再问。谢振定问完、易容回答之前那一瞬间，他就知道这一问完全是多余的。如果审理的结果有利于宋姓生员，朱超宗还会在粮书位置上吗？易容还需进京控告吗？易容也没有再说，谢振定想，易容无论再补充两句什么，自己多少有点难堪。

懂得节制。谢振定对这位大眼睛的奏告之人颇有好感。

都察院处理这类控告事件，有奏交、咨交、驳斥三种方式。奏交全称具折奏交，即写出奏折，提出建议，奏请皇帝决定。咨交全称咨回各该省督抚审办。驳斥就是认为奏告之人完全无理，径行驳斥。奏交、咨交案件，监察御史只能提出书面建议，到底采取哪种方式，文字如何表述，最后由满汉都御史、副都御史等做出决定。显然，易容控告之事，以咨交为宜。谢振定拟好文书后，送给管世铭。

管世铭粗粗浏览一遍，笑道："你接触接触这样的案件也好。江南道每年要派一名御史去巡漕，说不定今年派你去呢。"

谢振定笑道："是吗？"

管世铭说："都察院提供的名单里肯定有你。就看乾隆爷的朱笔点不点了。不过，即使今年不去，明年肯定会去。"

几天之后，谢振定下班回家，刚出正阳门，便撞上了王钟健。

"芗泉，怎么还没去感谢和大人？纪大人有想法了呢。"王钟健一脸的关爱。

谢振定笑了笑，说："不瞒王前辈，谢振定总觉得不好意思进门。"

"怎么不好意思呢？"王钟健说，"孔子还'出疆必载质'呢！"

"也没有什么像样的礼物。"谢振定随口推脱。

王钟健想了想，说："要不，我和你一起去吧。东西我来准备。"

谢振定说："您去过？"

“没，没有。”王钟健迟疑着说，“芗泉，既然你和我，都是纪大人信任的人，我就不遮遮掩掩了。我一直想与和大人走近一点，纪大人也赞成，但我估摸，只怕进不了门。和大人不会接待我。所以，我想和你一起去。”

谢振定楞怔怔望着王钟健，一时不知说什么好。王钟健已经是掌印给事中，正五品，想外放个道员，弄个正四品，至少放个知府，从四品。唉，官衔高一品半品，难道就那么重要？可怜。真的可怜。孟子说过，出仕如果不能弘道，而是为稻粱谋，就应该“辞尊居卑，辞富居贫”哩，怎么可以反其道而行之呢？谢振定更看不起王钟健了。也就是在这一瞬间，他真的把主意打牢稳了。不去，坚决不去。但他嘴里却说：“我想想再说吧。”

三

眨眼到了冬天。十月中旬的一天，谢振定接到圣谕："巡视淮安漕务，着谢振定去。"

谢振定是在署左都御史纪晓岚那里接到圣谕的。

尽管事先不是一无所知，接到圣谕，谢振定还是感觉肩上的担子很重很重。

人以食为天。山东、安徽、江苏、浙江、江西、湖北、湖南等东南八省，约四百万石粮食，通过运河，运至京师，供皇室、百官及军人食用，这漕运，天大的事情啊！

虽有漕运总督、河道总督、督粮道及若干地方官员负责具体事务，但负责督催的巡漕御史，责任也不轻啊！

谢振定负责巡视的淮安漕务，南起江苏镇江，北至山东台儿庄，虽只是四段中的一段，却是起首一段，最重要的一段，也是最长的一段。

"巡漕，是一次机遇，也是一把双刃剑，你一定要好好把握。"纪晓岚讲了一些客套话后，忽然提高声调，告诫谢振定。谢振定也就身子一挺，略往前倾，听得更加认真了。

纪晓岚停了停，缓缓说道："巡漕回来之后，皇上满意，就会提拔，如在京城，一般提拔一级，如果外放，一般是跳一级，外放知府，从四品，甚至跳两级，外放道员，正四品。巡漕御史权力很大，可以弹劾漕运总督。因此，有些总督都要巴结巡漕御史，更不用说其他漕运官员。大权在握，是好是坏，难说，看掌权人如何把握。漕运，从漕粮收兑到运抵通州，存在各种各样的陋规，其中就有巡漕使院的一份，大家都认为是理所当然的。此外，有的巡漕御史，或本人，或利用家人，稍微刁难刁难旗丁等有关人员，还可获得陋规以外的利益。十多年前，一位南漕御史，因家人勒索漕规银两，导致涂姓把总自刎身亡，而被撤职。还有一位巡视南漕的御史，名叫英纶，在每帮船入境时，藉词恐吓，甚至捆打运弁，勒索帮银，银不入手，不予收文，还令家人唤妓唱曲住宿，并欲买妓作妾。乾隆爷知情后，震怒万分，立即降旨将其革职拿问，抄没家产。军机大臣会同刑部审讯，拟处绞刑。乾隆爷还不解恨，令将英纶重责二十大板之后，再处绞刑。"

纪晓岚所说的这些事例，谢振定都比较清楚，但这时从纪大人嘴里说出来，就显得更为生动、更加重要了。谢振定仿佛初次闻知，听得非常认真，还不时点点头。

"我不是不信任你，而是巡漕御史权力很大，难免迷失方向。所以，我必须提醒每一位巡漕御史，更应该提醒你，请你理解。"纪晓岚这样结束了他的谈话。

谢振定很是感动，郑重地说："请纪大人放心，振定决不辜负您的期望。"

回到江南道公廨，谢振定即到管世铭那里。管世铭是掌印御史，一直关心自己，还提示过自己今年可能会去巡漕，前年又巡视过南漕，不管怎样，应该虚心请教才是。

“漕运，皇上最看重的，是速度，总是说快速为要。”管世铭说，“过一些关节点，如长江、淮安、黄河、台庄等地，最好能比上年快上几天。如果到达某一地点，慢了一两天，皇上就要责怪。这点，你一定要把握好。”

这是最基本的，谢振定自然知道。他只是微微点了点头。

管世铭接着说：“巡视南漕，起点是镇江，具体是徒阳运河的挑浚。你督好了这事，任务完成就有把握了。否则无从谈起。”

听了这话，谢振定精神为之一振。他的身子，不由自主地向管世铭倾了倾：“管前辈，请您详细说说。”

管世铭笑了笑，然后便滔滔不绝说了开来。

原来，江南镇江之徒阳运河，涉及丹徒、丹阳两县，全长八十余里，为江浙两省漕船经由要道。徒阳运河水无来源，全靠江潮浮送。因每日潮汐，挟沙而行，最易停淤。尤其每到冬季潮枯之时，水势微弱，一遇潮退，帮船常常搁浅。乾隆八年确定：徒阳运河必须定期挑浚，每六年大挑一次，其余每年都要小挑。挑挖疏浚一般在冬季进行，江浙回空漕船全部过完后，漕运总督与巡抚、常镇道等，商量好煞坝兴挑的时间，然后上报皇帝批准。小挑之年，一般定于十一月初旬煞坝挑河，定限四十日完竣。如果遇到冬春时节雨雪过多，影响挑浚，煞坝开坝的时间就要奏报予以相应宽延。大挑之年，回空漕船一经过竣，随即赶紧钉桩筑坝，将各坝合龙排车戽水，一俟车戽净尽，就开始挑挖河道。此项工程，不仅南河总督管不到，漕运总督也只能督办，具体由常镇道负责。当然，漕运总督、两江总督、江苏巡抚、镇江知府、丹徒和丹阳县令、巡漕御史都有责任，但主要责任在常镇道。

“今年是小挑之年，你到达时，肯定在挑挖了。常镇道查淳，为官还算清廉，也还务实，但有点颟顸。不过，小挑之年也不可忽视，大概十多年之前吧，小挑之后，次年开春，便多处淤浅，只好马上组织人员，煞坝再挑，漕运的速度自然慢了。乾隆爷很是恼火。结果，常镇道充军，发配边疆；江苏巡抚、镇江知府、丹阳知县革职，漕运总督、两江总督、监察御史罚俸一年。因此，你一定要高度重视徒阳运河的挑浚。”管世铭这样结束了他的介绍。

谢振定坐在那里，不言不语。管世铭所说的，要说自己不懂呢，也懂那么一点，要说懂呢，却又懂得不是那么深透，这就叫做似懂非懂啊。轻浮，内心深处还是存在轻浮。谢振定不免暗暗自责。

“我有一位朋友，叫郭大昌。”管世铭又说话了，“他也许能帮你点忙。”

谢振定便又挺了挺身子。

管世铭接着说：“郭大昌住在清江浦五圣庙，曾经长期在江南河库道任贴书，负责工程核算、物料收支，厉害得很，一项工程，只要瞄几眼，就知道要多少人工、多少材料、多长时间才能完成。你去看看他，代我问好。他应该能帮你点忙。”

“谢谢！”谢振定点了点头，说，“我一定请他到徒阳运河看看。”

“那我先修一书给他吧。”管世铭说，“让他有所准备。”

“好的。”谢振定意犹未尽，想想，换了话题，“我想在裁减陋规方面有所作为，您看呢？”

“哦？”管世铭一脸狐疑，“你说说看。”

谢振定说了自己的一些想法。

原来，漕运点多、面广、线长，百弊丛生。其中各种各样的陋规，数不胜数。一位朋友给他提供了一个陋规的详细情况，从兑粮到交粮，有六十多处地方要缴费，归纳为十大项，每帮要三千三百多两银子。一百一十八帮漕船，三四十万两呢。旗丁苦不堪言，怨声载道。巡漕衙门也有陋规，所列的名目是“沿途催赶文武委员及四处巡漕并门丁书差饭食等项”，总共三百七八十两银子。这笔陋规，假设四处巡漕使院与其他“沿途催赶文武委员”各半，而四处巡漕使院又平分，则每帮每处是四十多两银子。即使“沿途催赶文武委员”更多一些，巡漕使院数目也不少，每个使院的陋规大概有四五千两银子吧。

还有一组数据，每名旗丁，也就是每艘漕船的收入，包括官府发放的钱粮及来回所带货物的收入，一共十项，只有四百五十二两银子；而各项支出，包括雇请水手、临时请人拉纤、购买材料、伙食及各项陋规，共二十九项，需五百七十两银子。两品相抵，还亏一百一十八两银子。旗丁要不要过日子呢？肯定要过。办法一是勒索州县官，也就是勒索百姓，二是掺杂使假，三是盗卖漕粮。总之，旗丁要千方百计搞点银子回去，才能过活，否则是死路一条。

“漕弊之根，在官员贪腐。而各种陋规，又是公开的贪腐。我想，整治漕弊，从裁减陋规开始。裁减陋规，从巡漕使院开始。南漕使院，坚决不收分文陋规。”谢振定说是请教，语气却很坚决。

管世铭听后，久久没有言语。

“您看呢？”谢振定轻声催问。

“慎重。”谢振定几次催问后，管世铭才摇了摇头，缓缓地说，“有漕以来，就有贪腐，尽人皆知。莫说你当个巡漕御史，就是当个漕运总督，也难有作为。你以为乾隆爷不晓得吗？他清楚得很，但他也没有办法。我佩服你的勇气，但我还是劝你慎重，慎之又慎。”

谢振定回到公廨，坐立不安，便又出来，朝京畿道钱沣公廨走去。

谢振定对钱沣特别尊敬，是把他当老师看待的。谢振定刚中进士不久，钱沣便已是江南道监察御史，接连参劾两名巡抚，声誉鹊起，连升三级，由从五品的监察御史升至正四品的通政司副使，又以通政司副使身份出任湖南学政，后遭遇种种波折，如今又回到了监察御史任上。谢振定认为，皇上可以授予他们同等职务，但不能授予他们同等经历、能力、政绩和声誉，他应该好好向钱沣学习。况且钱沣也巡视过江南漕运，肯定有经验教训可资借鉴。

可是，走到京畿道，钱沣却不在那里。谢振定只好又悻悻然回到自己公廨。

还是坐立不安。

谢振定想找张士元来聊聊。

巡漕御史可带几名随从（称为家人），谢振定最先想到的便是张士元。张士元比谢振定小五岁，是六年前谢振定典试江南时所取的举人。他对谢振定非常尊敬，甚至可以说是崇拜，总说自己能中举，全靠恩师关心。原来，那年典试江南，谢振定是副考官，主考官是谢振定座师胡侍郎。胡座师有点刻板，看到张士元《面貌册》写着“微须”，却有少许胡须，怀疑是冒考，便说：“《面貌册》上写着无须，你却有须，不对。”要将他逐出考场。张士元辩解：“微须，不是无须，而是少许胡须。”胡座师说：“知道《岳阳楼记》‘微斯人，吾谁与归’的解释吗？‘微’字都不懂，也想考举人？”张士元急了，脱口而出：“难道孔子‘微服过宋’，是光着身子经过宋国？”胡座师气得胡子一颤一颤的。谢振定走来，问明原委，便要座师去休息休息，他来处理。处理的结果是准予考试。准予考试的张士元就中了举。次年，张士元未能考中进士，便一直跟着谢振定，一边做些抄抄写写的琐事，一边读书钻研学问。这样的人去当领班，最能放心。

想曹操，曹操到。

张士元一进来，谢振定便说出了自己的想法。

张士元笑道：“我知道恩师会要我去的。领班呢，只怕难以胜任。”谢振定说：“没问题。绝对没问题。”张士元说：“恩师信任。尽力吧。”

于是，两人开始商量其他人选和准备事项。张士元说：“我估摸，昭梿也想去呢。”谢振定说：“只能带五六人去。还是要挑选挑选。”张士元说：“您还是做个规划吧。礼亲王提出来，您不好拒绝的。”谢振定说：“也是。这样吧，如果礼亲王提出来，昭梿就去。礼亲王没提出来，我也不请昭梿去。”张士元说：“这样好。”

两人就这样一项一项商量开来。

午餐后，张士元开始起草《巡漕告示》，谢振定去午门外六科衙门找恒溥。恒溥是前任巡视南漕御史，回京不久即擢任兵科给事中。谢振定和他以前只打过照面，并不熟悉。没想到恒溥虽然热情，却有些颟顸。他说，富纲非常能干，什么都安排好了，巡漕御史只要按部就班就行，很轻松的。谢振定相信他说话的真诚，不相信他说话的内容，觉得继续请教价值不大，便客气几句，走了。能干的管世铭巡漕后还是当御史，颟顸的恒溥巡漕后却擢升为给事中。世事就是这么怪。

走出六科衙门，谢振定撞上了昭梿。昭梿说："父王请您到家里去一趟。"谢振定大体知道怎么回事，还是问："有什么好事？"昭梿说："我想和您去巡漕，父王想和您说说呢。"谢振定笑道："你已在计划之内呢。你回去禀告亲王，我过几天再来吧。"昭梿说："好的。"又说："父王讲了，我去，是增长见识，不发工钱，自带伙食费，不给您增添负担。"谢振定想想，说："这怎么行？暂时不说这些吧。"昭梿说声"好"，高高兴兴先走了。

谢振定回到乐恺堂，蔺然在做饭菜，君美在做针黹，兴峣、兴峘还在自己房里读书、写字。谢振定便笑呵呵讲了将去巡视南漕之事，君美便笑嘻嘻地说好啊，好啊！

菜煮好了，一碗干红辣椒炒鸡，一碗老姜肉片汤，一碗炒萝卜丝，一碗大白菜。君美放下尚未补好的裤子，对蔺然说："再去炒个韭菜鸡蛋吧。"又对谢振定说："今天高兴，您喝杯酒吧。"谢振定说："一个人，喝什么酒？"君美说："喝一杯吧。"蔺然便去倒酒、拿酒杯。谢振定说:“多拿两个杯子来。你们哪个也喝一杯。”兴峣、兴峘早过来了。一家人便坐下吃饭。谢振定说,兴峣十五岁了,喝一杯看看。兴峣便喝了一杯,脸涨得通红,还咳嗽,说,不喝了,不喝了。君美便要蔺然试试。蔺然不喝。谢振定也说,你试试看。蔺然便喝了一杯,不咳嗽,脸也不红。君美便说,蔺然喝得,多喝几杯。蔺然喝了三杯,就再也不喝了。兴峘说,我来喝一杯。谢振定便递了一杯酒给兴峘,兴峘接过,一口喝了,不咳嗽,也不脸红。兴峘还要喝。君美说,才十一岁,不能喝。谢振定不说什么,一个人喝。

吃完饭,兴峣、兴峘读书去了,客厅里剩下谢振定、君美、蔺然三人。谢振定又说起巡漕之事,后来说这次要带五六个人去,正在选人,张士元肯定去,昭梿也想去,只能答应。君美看看谢振定,又看看蔺然,轻声说:“把蔺然带去吧。”谢振定一惊:“带蔺然去做什么?”君美说:“服侍您呀。”蔺然脸上飞起一朵红云。谢振定说:“莫开玩笑。”

四

几天之后，乾隆爷在养心殿召见谢振定。

谢振定虽然多次见过皇上，但都是祭祀、引见等大型场合，真正召见，还是初次。纪晓岚纪大人已对他进行培训，从进门跪拜到奏对，都演练过多次。谢振定早早地用过午餐，来到值房等待。因穿着新制的绣有八蟒四爪的蟒袍和绣有獬豸纹的补服，同时，膝盖上绑了厚棉絮做的护膝，感觉多少有点不自在。未时一到，谢振定便在太监引领下，走进养心殿，再转到西暖阁门前。太监挑起门帘，谢振定进入。太监迅速离去，门帘闭合。

北面宝座上，一位老人坐在那里。谢振定并未看清是谁，即行跪安礼。先是一个立正，朗声叫道："微臣谢振定，恭请皇上圣安。"紧接着左腿向前迈出半步，右腿跪在地上，跟着收左腿跪下，上身直立，随后抬右腿，起左腿，站起身来，往前走了几步，跪在一个白芯红边的垫子上。

谢振定恭恭敬敬地跪着，头微微下垂，双眼不与皇上对视，只用余光瞄瞄，皇上问一句，谢振定答一句，简短，精准。看来皇上还算满意。后来，皇上说，为政不在多言，巡漕惟当以督催漕船为第一要务，其所属卫弁等员，自当严切谕知，总以粮船行走之迟速，定其功过，明示劝惩。慎勿吹毛求疵，徒事空言，毫无实效，致负委任。谢振定感觉巡漕方向更加明确了，不时回以“微臣谨遵圣命”。忽然，乾隆帝把话题转到了作文上。

“谢振定，知道朕为何把你的对联定为第一吗？”

谢振定完全没有心理准备，如实回答：“微臣实在不知。”

乾隆帝笑笑。

谢振定忽然感觉不对，立马摘下官帽，放到地上，叩头触地，磕了一个响头，以表谢罪之意。

乾隆帝笑道：“不知正常，无须谢罪。”

谢振定立马戴上官帽：“谢皇上圣恩。”

乾隆又问：“还记得《八旬万寿赋》吗？”

谢振定回答：“微臣记得。”

《八旬万寿赋》全称《皇上八旬万寿赋谨序》，是四年之前，谢振定为乾隆帝满八十写的一篇长赋。自己写的文章，怎能不记得呢？

“写得好啊！”乾隆帝感叹道，“将近三千字的长赋，瑰丽诡谲，汪洋恣肆，一泻千里，气势磅礴，真的难得。去年的对联，送到朕手里，我一看有你，便想到了那篇《八旬万寿赋》。这对联，与《八旬万寿赋》比起来，少了文采，多了朴实。朕都喜欢。但这对联定为第一，与《八旬万寿赋》有关。”

谢振定恍然大悟，连忙叩头：“谢皇上圣恩。”

“作文之道，以气为主。”乾隆帝兴致勃勃地说，“多年以前，我就说过。作文之道，以气为主。气厚则文自佳。至于琢饰字句，不过一时美丽，气味未能深厚也。譬诸松柏，经冬不凋，唯其气厚，是以能久。水陆草木之花，当其初开时，非不鲜艳可悦。然而不能经久者，以其气薄也。朕以为文章之道，亦复如是。振定，你说是吗？”

谢振定再次叩头：“皇上英明。”

一时无语。谢振定想，召见快要结束了。

忽然，乾隆帝把话题又转回了巡漕：“听闻旗丁甚苦，你知道吗？”

谢振定说：“略有所知。不过，道听途说，不敢妄论。”

乾隆帝说：“但说无妨。”

于是，谢振定便把旗丁之苦及其原因讲了个大概，然后禀告：“振定虽德薄才疏，难有建树，但当尽力而为。微臣考虑，整治漕弊，从我做起。江南道巡漕使院所有陋规，全部取消。漕船过往，所有事务，快办快结，不收分文。令领运千总亲投大文，不得委办。如果巡漕使院受有分文，可当众质问本职，可向漕运总督衙门、都察院控告。这些，都在《巡漕告示》上写明，告示也对其他衙门及相关人员提出要求。微臣思维，这一措举，定收微薄之效。”

乾隆帝问：“南漕使院每年陋规收入多少，知道吗？”

谢振定回答：“据微臣所知，大概四五千两，不一定准确。”

乾隆笑道：“如此甚好，真是替朕体谅旗丁辛苦之贤臣。不知《巡漕告示》拟好没有？”

谢振定回答：“已拟初稿，正请同僚指正。”

乾隆道：“定稿之后，题本给朕。朕当谕令执行。”

谢振定叩首："微臣谨遵圣命。"

稍停，谢振定又说："微臣还有一个想法，不知可否禀告？"

乾隆道："但说无妨。"

谢振定奏道："微臣了解，所有巡漕衙门，每日需用饭食等项，向系所在州县供应。虽实用有限，却有弊无利。如能废止，只有好处。"

"哦——？"乾隆帝将信将疑，"都是这样吗？"

谢振定回答："微臣所知，都是这样。"

乾隆道："你上一题本吧。这一做法，应当永远禁止。巡漕使院需用饭食，由户部供给。"

谢振定叩首："谢皇上圣恩。"

"作文与做事，有同有不同。"乾隆帝又发起感慨来，说了一大通同与不同，最后说，"然做事毕竟不是作文。有人能作文，不能做事。有人能做事，不能作文。有人既能做事，又能作文。朕观你修订人物传记，便知你是既能做事、又能作文之人。今日听你细述巡漕构想，更是印证。"

谢振定连忙叩首："谢皇上圣恩。"

"莅官之要，曰廉曰勤。廉居首位。"乾隆帝又说，"漕督富纲，办事尚可。不知清廉与否。你可略闻一二？"

谢振定道："微臣实未闻听。"

"无人弹劾。"乾隆帝道，"应该还算可以。不过，朕总有点担心。你替朕敲打敲打吧。"

谢振定叩首："微臣谨遵圣命。"

乾隆帝道:“好。朕甚欣慰。你下去罢。”

“谢皇上圣恩。”谢振定缓缓起身，原地再行跪安礼，礼毕，倒退几步，触到门帘，才转身出门。

守在门外的太监，看见谢振定出来，弓腰笑道:“谢大人，整整半个时辰呢。这么久，少有。皇上一定高兴。”

谢振定报以微笑。

一阵冷风吹来，谢振定打了一个寒颤。原来，刚才对答时，还是出了点汗，只是自己全然不知而已。他踢踢左腿，又踢踢右腿，感觉还好。这时，他不得不佩服起纪大人来。昨日，纪大人要他绑一护膝。他自恃练过武功，跪那么一会，无所谓。纪大人坚持，说有备无患。他出于尊重，才做了护膝绑上。没想到这护膝还真发挥了作用。如果没绑，跪半个时辰，不痛才怪呢。

走出养心殿，太监轻声对谢振定说:“谢大人，和大人在军机处等您呢！请跟我来。”谢振定心里一惊，但没说什么，还是跟在太监后面，茫然地走，很快便到了军机处门口。

迎面遇到钱沣，两人几乎同时惊叫:

“您怎么来这里了?”

“你怎么在这里?”

谢振定望望太监，待太监走远一点后，才说:“刚才皇上召见，出来后，和大人要我来一下，不知什么事。我心里没底，不知不来行不行，懵里懵懂就到了这里。”

钱沣说:“和大人要你来，不来恐怕不好吧。”

“也是。”谢振定说，“您怎么在这里?”

钱沣说："我从前天开始，以章京身份入值军机处，同时稽察军机处呢。"

"哦——"谢振定说，"皇上还是信任您啊！"

钱沣说："应该是的。你去吧。不能让和大人等久了。"说罢，跨几个大步，走开了。

太监走来，笑笑，带谢振定走到一间房前，掀开门帘，谢振定走了进去。

和珅坐在窗前，见谢振定进来，连忙起身，和颜悦色地打招呼，要谢振定在对面位子坐下来，还让上了一杯茶。谢振定感到轻松了些。

和珅只问了几个简单问题，便发表自己的议论，说整个漕运包括巡漕工作，皇上最为关心的也是最重要的，是漕粮质量和漕运速度。巡漕主要督催速度，当然也要监督质量。朝廷需要的是干圆洁净的白米。这是重中之重，务必把准，不能因小失大。谢振定不停地点头。和珅提到富纲，说富纲办事能力强，能抓住要害，把漕粮按时运到京师，皇上和大臣是很满意的。富纲可能有很多缺点，但总能把握大局，不会因小失大。"不知皇上提到富纲没有？"和珅非常随意地说，既像自言自语，又像询问谢振定。因他停下来了，谢振定便轻声回答："提到了。""皇上是怎么说的？""和您说的一样。"和珅望了谢振定一眼，仿佛有所怀疑，但随即便说谢振定要仔细体会。仔细体会富纲的长处，仔细体会富纲的难处。谢振定便连连点头，一副心领神会的样子。和珅又说到两江总督苏凌阿，说他是尚书出任总督，肯定还会重任，他也很重视漕运。谢振定觉得两江总督住在江宁，自己巡漕，最远也只到镇江，相会的可能性不大，便没说什么，只点点头。

和珅最后说，谢振定的文章做得好，自己是如何看重和关心谢振定的，言外之意，如果没有他的关心，就不会有谢振定现今的地位，谢振定知道，再不说几句奉承话，是难以过关了，便说："和大人关心、提携晚生，晚生再愚钝，也心知肚明。本应登门致谢，只是书读呆了，总觉不好意思，万望和大人见谅。惟有勤奋工作，报答大人知遇之恩。"

"好，好。"和珅眉开眼笑，一副很是受用的样子，"你去忙吧。"

谢振定起身，谢过和珅，便往外走。

"哦——"和珅忽又哦了一声。

谢振定立即停住，回过头来。

"江南一带，"和珅很随意地说，"沈周、唐寅的字画较多，你如果遇到了，就替我买一两幅吧。"

"好。"谢振定说。

"不用当回事，遇到了就买。"和珅笑道，"你走吧。"

谢振定转身离开，走出军机处，过金水桥，经午门、端门，出天安门，来到都察院，径直走进汉左都御史公廨。纪晓岚坐在那里，笑道："我知道你会来的。怎么待了这么久？"谢振定便将皇上召见、和珅约见从头至尾讲了一遍，只就皇上有关富纲之话略有保留，就连和珅要他购买字画也都和盘托出。"全靠纪大人指教，不然，膝盖都要跪痛呢。"谢振定以一句笑话结束了禀报。

纪晓岚笑道："看来，皇上对你很满意，和大人对你也很看重。

巡漕之后，你可能要发达了，就看你如何把握。”

谢振定也有同感，但心里并不踏实，其他事情都还好办，就是和珅的关系不好把握，他想和纪大人说说，估计也难有答案，便只说了些如果发达了多请纪大人吃水膀之类的话。

回到家里，谢振定和君美简要说了皇上召见之事，感谢君美做了护膝，不然膝盖都要跪肿呢。和珅约见之事则只字未提。君美说：“昭梿下午来过，明晚礼亲王为您饯行，务请出席。”

晚上，睡在床上，君美又提蔺然之事。君美说：“我身体不好，是个病壳子，做点针线活，老眼昏花，穿针不进，不知哪天眼一闭、脚一伸，就去了。蔺然人好，知根知底，心里有您，长得也漂亮，她跟了您，心里踏实，我也放心。”谢振定说：“别说傻话。你这样的羸弱体质，还经得磨些。峣峣者易折。我这样身体强健的人，也许走在你之前。”君美说：“莫这样讲。像您说的，我经得起磨，也不影响蔺然跟您呀。”谢振定说：“怎么不影响？我们谢家族谱记载我们的家训，有子莫娶妾。我有兴峣、兴峘，长得好好的，怎么能娶妾？”君美说：“这，我倒是第一次听说。是您谢家总谱规定的，还是你们湘乡蓥潭这一支规定的？”谢振定说：“应该是我们湘乡蓥潭这一支规定的。不管怎样，祖宗规定的，只要没有错，就应该遵守。实在错了，才可以改正。”君美说：“这倒也是。”谢振定说：“君美，你对我太好了，对我们谢家太好了。你了解我，不要因为关心我，陷我于不仁不义之地。”君美说：“您是不是硬要等我闭眼了才能娶蔺然、才有仁有义？”谢振定说：“君美，你怎么能这样说呢？你还不了解我？”君美说：“我了解你。”谢振定说：

“蔺然也十六岁了，你和她说说，女大当嫁，选个人家，嫁出去算了。”沉默良久，君美才说：“好，我说说看。”

次日上午，谢振定和张士元在江南道公廨逐字逐句修改《巡漕告示》。告示共十三条，沿袭十条，谢振定加了三条，放在前面：

一、裁革衙门使费，以杜影射也。立法除弊，先从本衙门为始。本院上任，事事躬亲，一切陋规，尽行裁革，不收分文，鬼神可告。其余巡弁、委员、吏役、家人等，严加裁汰，所存不过数名，每日随辕办事，不许擅离寸步，断不敢借端把持。除揭示辕门晓谕外，尔弁丁等毋任不肖头伍，勾串走差人役，指称本衙门用费名目，影射开销。如有棍徒在外捏辞婪索，一经查出，立即从严惩办，各宜凛慎。

二、令领运千总亲投大文，以塞弊窦。查运弁押帮过扬，例向本衙门呈投大文，向来胥吏等即指此索费，头伍等即借此冒开。本院立定章程，凡军船到关时，着领运千总当堂投文，本院亲行查验，刻即放行。不许丁伍走差人等，私自到辕，致滋弊窦，违者拿究。

三、严立关防，以防假冒。本院剔厘漕弊，至纤至微，必加防范。倘有棍徒假托本院乡、族、戚、友，或指称公事，借端诳骗；或包揽词讼，诱哄愚丁，许各帮丁等指名禀究，重法惩处。

商量完毕，谢振定便拿着《巡漕告示》到管世铭那里，请他指正。管世铭看了，问谢振定：“巡漕使院不收分文，除了你没有陋规收入外，可能还会得罪都察院其他同僚。你想过吗？”谢振定说：“想过。我不担心。我担心的是，能不能做到。”管世铭说：“想过就好。”

谢振定出来，撞上钱沣，一惊，问：“您不是入值军机处了吗？”钱沣笑道：“我还是都察院的人呢！今天不值班，想问问你昨天的情况。”谢振定说：“我昨天出来，以为您在外面等我，等了一会，才走。好，去您那里吧。”两人到了钱沣公廨。钱沣要泡茶，谢振定说免了，便说了昨天皇上召见的详情及和珅约见的一些情况，又把《巡漕告示》递给钱沣，请他斧正。钱沣看后，说：“芗泉，我很高兴。我没看错人。你昨天说皇上信任钱某。我看，皇上也很器重你。你应当珍惜。富纲是和珅的人，这两人，你都要注意。这个《巡漕告示》很好，尤其是前面三条，立法除弊，先从本衙门开始，非常好。”

谢振定笑道：“我这是学您在湖南当学政的做法呢。”

钱沣说：“我俩有缘。有些事情，以后再说。相信自己，会有作为。”

谢振定说：“《巡漕告示》就这么定了，行吗？”

钱沣说：“行。”

下午，谢振定将两个题本反复修改、抄正，钤上印鉴，送至通政使司，便去了东斜街酱房胡同口礼亲王府。

走进大门，只见一位高鼻梁、宽面颊、貌相俊秀、举止端庄、约莫三十岁的年轻人，站在花圃前，正与礼亲王聊天。那是乾隆爷十五子、嘉亲王颙琰，未来的皇帝。谢振定快步上前，微笑着和两位亲王行礼。

“芗泉，”礼亲王笑道，“嘉亲王对漕运很感兴趣，想和你聊聊呢。”

谢振定说：“我也是最近奉命巡漕，才道听途说一些东西呢。”于是，便把自己所知的漕弊及这次巡漕的初步构想讲了个大概。两位亲王都兴味盎然。

“芗泉，”嘉亲王说，“你觉得漕弊可以根治吗？”

“可以。”谢振定毫不犹豫地说，“我觉得可以根治。只要有决心，总会有办法。现今最大的问题是普遍缺乏信心。涉漕官员不能严以自律。莫说漕督、河督，就连都察院的巡漕官员，本来专门职掌治理漕弊，却又在产生漕弊，漕弊如何能治理好呢？卑职地位不高，能力有限，不能奢望根治漕弊，但却准备尽力而为，废止巡漕使院所有陋规。如我江南道巡漕使院一处可以成功，则济宁、天津、通州巡漕使院皆可成功，则漕督衙门、河督衙门、仓场衙门皆可成功。”

“国之大事，惟兵与漕。漕运弊端，必须根治。”嘉亲王抚掌笑道，“芗泉所说，正合吾意。相信你能成功。”

谢振定说：“谢谢亲王。”

嘉亲王边走边说，十年前，他随父皇南巡，在江苏清江浦直隶厂上的船，回程在山东德州上的岸，淮安、扬州、镇江、江宁、苏州、杭州等地，都是乘船去的，水路走了不少。但是，皇船到达之前，漕船等早就停下避让了。所以，他到过江南，遇到过许多漕船，也接触过漕运官员，看见过水手、纤夫，但对漕运没有真切体会。“其实，我很想去当一次巡漕官员，亲身感受感受。还想去当一届学政，亲身感受感受。我向父皇提过，父皇不同意。”说罢，笑着摇了摇头。

谢振定忽然觉得，嘉亲王其实很可爱的。

谈到这次巡漕的随从，礼亲王说，辛苦谢振定带昭梿出去见识见识，不要分文工钱，餐费也自己负责。谢振定说不好意思，不付工钱也可以，但不能再交餐费。嘉亲王说，还是按亲王说的办吧，这样好。谢振定又说，昭梿具体管些什么事，请礼亲王吩咐。礼亲王说，现在看来，他什么也做不了，到时根据情况再说吧。

话题又回到巡漕事务上。嘉亲王提出，取消陋规，其他衙门不予执行，怎么办？谢振定提出了一些想法，不是很有底气，最后说，巡漕使院带了头，至少有了监督的底气吧。

这时，昭梿来请入席了。

“芗泉，”嘉亲王拉着谢振定的手，说，“你有一腔豪气，一身正气，为了漕运清明，你谁都可以监督，包括富纲在内。”

嘉亲王这几句话说得很响亮，很坚决，使谢振定感到很温暖，很踏实，劲鼓鼓的。

“用餐去吧。边吃边聊。”礼亲王说。

几个人朝餐厅走去。

三天之后，也就是离开京师前一天，谢振定接到两道谕旨：一是关于取消所有漕运陋规的，要求从巡漕使院做起，各衙门均需执行，巡漕使院负责监督；二是关于巡漕使院衙门饭食供应等问题，废止由所在县署供应的做法，通州、天津、济宁巡漕使院，每月赏给银五十两，江南巡漕使院则格外加恩：

> 江南巡漕使院，距京较远，遇有差务及应行递折等事，需用稍繁，公用恐有未敷，著加恩，每月赏给银八十两，在江苏省藩库支领，作正开销，俾资办公，以示体恤。

谢振定读来倍感温暖。虽比其他使院只加了三十两，但也体现皇上的一片关怀之心啊。管世铭等巡视过漕运的御史说，每月八十两饭食钱，肯定有节余呢。

五

船闸打开，清亮的河水汹涌而出，冲入黄河，卷起千堆黄浪。

谢振定等所乘官船，缓缓驶出闸口，逐渐加快，然后一头扎进黄河，再露出头来，在黄浪堆中漂浮。

中运河清亮的水，流出杨庄闸口，流入黄河，便被搅成黄色。就连照在河上的金色阳光，也被染得土黄土黄的。

杨庄斜对面是清口。淮河、黄河、运河在那里交汇。黄河桀骜不驯，不仅夺淮入海，而且多次溃堤，全数冲入运河。运河翻船，半数以上就翻在这里。所以，所有船只，进入黄河，都要祭拜黄河之神，祈祷河神保佑。

“祭供河神啰！”忽然人声鼎沸。谢振定便随张士元走出船舱，只见船长在一群水手簇拥下，手里拿着一只公鸡，走到前甲板上，一刀便把鸡头割下，抛到水里，然后把鸡血滴在甲板、桅杆、锚和房舱门口，并在上面插上几根鸡毛。

船头甲板上，摆有一供桌，桌上立着一尊尺许高的鎏金铜像，自然就是河神了。河神六条手臂，怒目圆睁，牙关紧咬，正襟危坐，颇具气势。河神脚下，供了已经燎熟的牛肉、猪肉，还有一只整鸡，还有酒、茶、油、盐各一杯。船长缓步走到河神前，双膝跪下，烧纸，焚香，磕了三个头，然后两手高举，口中念念有词。

船长念完，三鞠躬，悄然退下。谢振定上前，捏着三根香，点燃，恭恭敬敬磕了三个头，把香插进香炉，然后朗声念道：

惟神贯输两仪，络纳百谷；润逮群生，名尊四渎。江南道监察御史谢振定，奉命巡视南漕，正风肃弊，催趱漕船，早日抵通。惶惧昧蒙，五色迷目。天牖其衷，诸事如意。蒸之舟之，冀安且速；神之鉴之，风涛罔作。尚飨。

念毕，锣鼓声、鞭炮声大作，谢振定和船长站在船头，依次把酒、茶、油、盐等一一抛到河里。

祭供完毕，谢振定等回到船舱，昭梿连声说："有趣，有趣。"

谢振定一行六人，是在十月二十四日离开京师的。他们先乘马车，出南门，经河北赵北口、任丘、阜城、景州等地进入山东，再经畿南、德州等地，从台庄出山东进入江苏，再乘船顺流而下。从山东台庄到江苏镇江，属于谢振定的巡视范围，乘船便于了解运河情况。

船在黄河逆行一段时间，渐渐发现河水分成黄绿二色，左边一线水是青绿色的。原来，清口快到了。

黄河、淮河、运河交汇于洪泽湖入黄河口门，这个口门叫清口。

黄河的洪水、泥沙，总是威胁着运河的安全，古人千方百计，修建多种工程，尽量使运河脱离黄河干扰，其中一项，就是不断抬高洪泽湖大堤，拦截淮水，尽出清口，束水攻沙，蓄清刷黄，避免泥沙淤塞运河。

青绿色的水就是从洪泽湖流出来的。那水又大又急，黄河的泥沙，就靠这水来冲走。谢振定所乘的船，将进入清口，再转入里运河。

船入清口，迎面便是一条庞大的镇水铁牛。传说牛能镇住水怪。

船停了，谢振定一行人下船，来到镇水铁牛旁。这牛昂首屈膝，卧着还比人高。右肩有铭文："维金克木蛟龙藏，维土制水龟蛇降。铸犀作镇奠淮扬，永除昏垫报吾皇。康熙辛巳午日铸。"昭梿问这问那，谢振定、张士元做了些许解释。另有几个人也在看镇水铁牛，一位白发老者在那里讲故事。老者讲的，不是镇水铁牛而是老鼋显灵的故事，说康熙年间，一天傍晚，一个良家女子因受公婆虐待而投河。几位老人看到了，深感心痛，但毫无办法。没想到第二天早上，这个女子却坐在村口，问她，说是一只老鼋把她送上岸的。还有一次，一只民船进入清口，突然狂风大作，民船未及靠岸，便被风浪卷入水底。岸上的人呼喊救人，却无法可施。出乎意料的是，狂风过后，那只民船安然无恙，已稳稳地停靠在岸边。人们登船询问，他们说，是被一只好大的团鱼驮到岸边的。"有人在岸边看见过那老鼋呢，横直有七八尺大，像只小船。"老者这样结束了他的故事。昭梿说："看来还要在这里铸一尊老鼋才行。"谢振定说："有道理。"

太阳快要落山了。谢振定等再次围着铁牛转了一圈，用手摸了摸牛头，又上了船。

清口属于清河县，离清河县城清江浦只有三十里，到淮安府府前铺也只有六十里。

可清口以下，七八里河道，却有将近两丈的落差。

解决落差的办法，唯有建闸。

因此，前人便从下至上，兴建了福兴、通济、惠济三座水闸。因西岸的天妃庙名气大，便称之为天妃三闸。过闸难，上也难，下也难。据说，船过三闸，上水要七天，下水也要三天。

次日清晨，太阳刚刚出来，谢振定一行所乘官船，便在惠济闸前等候。

辰正，闸门打开，船驶出闸口，正要猛冲下去，却被两根铁链死死拉住。缠绕铁链的绞关，在人力的阻挡下，慢慢地转动，铁链一寸一寸地松开，船没办法，只好头朝下，尾巴翘起，一寸一寸地往下漂移。

船往前倾，人的身子也往前倾。“翻——”昭梿很是紧张，话未出口，便刹住了。谢振定望着他，点了点头。

船，一个猛子，扎到水里，又露出头来，晃几晃，稳了，再徐徐前行。

很快便到了通济闸前。

通济闸西岸，建有天妃庙。谢振定一行上了岸，来到天妃庙，祭拜天妃娘娘，祈求神灵保佑。传说天妃娘娘很是灵验，康熙、乾隆每次下江南，都要亲自祭拜的。谢振定没做功课，不知康熙、乾隆祭拜仪式如何，只是跪在天妃娘娘像前，闭着眼睛，心中默念若干遍“娘娘保佑、娘娘保佑”，便睁开眼睛，站了起来。天妃娘娘一脸慈祥，肯定会保佑的。

这天，没有北上的船，南下的船也只有几艘。谢振定所坐之船，很快就过了通济闸，不久又过了福兴闸。过福兴闸时，闸官说，一天过天妃三闸，很少有的。一年难遇几次。

黄昏，船缓缓地停了下来。青石台阶，自水里长出，逐级而上，延展至岸上。金色的阳光，铺在水上，铺在船上，铺在青石板上，铺在屋顶上，世界变成一片金色。谢振定身着朝服，外罩獬豸纹补服，踏着锃光瓦亮的青石板，一级一级拾阶而上。谢振定曾经来过，这码头原叫石码头，因康熙帝、乾隆帝下江南，也是在这里下船，所以改名为御码头了。

漕运总督富纲帽饰珊瑚，身着九蟒五爪蟒袍、锦鸡补服，站在码头上面，旁边站着一个着犀牛补子的七品武官。看见谢振定上岸，两人立马下跪磕头，高声叫道："微臣恭候钦差。恭请圣安！"

谢振定朗声答道："圣躬安！"然后扶起两人。

富纲指着那位七品武官，介绍道："这是漕标把总王国俊。全程协助谢大人巡漕。"

王把总便向谢振定拱了拱手："请谢大人多多指教。"

谢振定连忙拱手还礼："谢谢漕督大人关心。请王把总多多支持。"

王把总说："卑职带有两名随丁，已去瓜洲巡漕使院打理。"

谢振定道："好，好。"说罢，将张士元、昭梿等作了介绍。

相互打过招呼，富纲和谢振定并排走在前面，其他人跟在后面。

这是一片繁华的街市。店铺林立，南北杂货、纺织缝纫、漆蜡印染、皮革加工、锻铁制银、木器家具、纸扎刻匾、粮草菜蔬、餐饮小吃、客栈轿行，应有尽有。人头攒动，人声鼎沸，好不热闹。

一行人走到清江大闸下面。

运河两边，一边有十多把纤、一两百人，同拉一条船。纤夫们肩膀上背着纤绳，前弓后箭，几乎匍匐在地，边拉边唱：

嘿嘿嘿嘿！过大闸喽。
嘿呦呵嘿呦，嘿呦呵嘿呦嘿，
嘿呦呵嘿呦，嘿呦呵嘿呦嘿。
过大闸喽，嘿哟嘿，
兄弟们呀，嘿哟嘿，
纤上肩喽，嘿哟嘿，
弯下腰呀，嘿哟嘿。
迈右腿喽，嘿哟嘿，
左脚跟上，嘿哟嘿，
莫偷懒喽，嘿哟嘿，
齐用力呀，嘿哟嘿。
大哥一纤领步伐，
小弟二纤眼别眨，
三纤四纤跟上趟哟，
大家一起使劲拉。

南下的船哟，嘿哟嘿，

北上的马呀，嘿哟嘿，
御码头下，嘿哟嘿，
歇息脚呀，嘿哟嘿。
都天庙上，嘿哟嘿，
敬炷香呀，嘿哟嘿，
牛行街里，嘿哟嘿，
换新叉呀，嘿哟嘿。
十里花街买枝花，
状元桥上儿孙跨，
浦楼塔上喝老酒哟，
闯下滩头过大闸。

原来，这清江大闸，是天下第一陡闸。闸门宽两丈有余，闸上闸下落差也有一二丈，水自闸上滚下，如一道瀑布，惊涛腾空，卷浪堆雪，响声过雷。纤夫们的拉纤号子，也如大闸之水，高亢豪迈，一泻千里。

那船怕有十来丈长，两丈多宽，斜斜地懒在水面上，三四百人使劲拉，实在没办法了，才往前移动一点点。挂在桅杆上的杏黄旗，被风涨得鼓鼓的，“天庾正供”四个隶书大字清晰可见。雀杆上红下黑，也很抢眼。

“漕船一百一十八帮，各帮旗帜、雀杆不同。”富纲轻声向谢振定等解释，“浙江总帮的嘉海卫一帮，帮旗为白面镶红边，绣半个月亮。”

“您都记得啊？好记性！”谢振定顺势夸赞。

“也记不了那么多。”富纲说，“半个月亮太显眼了，所以记得。”

“壮观，壮观！”昭梿没听富纲、谢振定对话，自顾自地高声大叫。

谢振定感叹道：“舟行逆水，要爬一两丈高的陡坡，全靠人力，何止是壮观呢？”

“芗泉，”富纲笑道，“第一次看到吧。”

谢振定说：“六年之前来过一次，印象没这么深。”

富纲说：“六年之前是主考，印象当然不如这次巡漕深了。”

谢振定问：“这船运的是漕粮？”

富纲说：“是的。这是今年过淮漕船第一帮，大河前帮，二十五船粮米，我前天下午，十一月十三，验签的。”

“罪过，罪过。”谢振定连忙道歉，“我是千方百计往前赶，想要到达淮安，休整一两天，与您一起盘验过淮头帮粮米的。”

“不要紧，不要紧。”富纲说，“江北各县，漕粮过淮时间，我们确定在十二月底以前。往年最早的，也是在十一月二十日左右。今年提早了几天。”

这时，漕标水师营清江汛千总及催漕委员过来请安。富纲一一向谢振定作了介绍。原来，富纲在清江浦部署了一汛漕标兵，负责维持秩序，抢险救灾，还派了一位催漕委员，负责组织纤夫等具体事宜。谢振定问了几句，大河前帮领运千总又来了，向谢振定递交了一沓表册，谢振定知道这是大河前帮各项册结，包括舵丁人等的花名册、受兑米色、各船舱口米数等，便只随意翻翻，递给站在旁边的张士元，就向领运千总笑笑，询问船过淮安的盘验情况。千总说，漕督富大人亲自带领盘粮厅官员到船盘验，态度好，速度快。只是过板闸时，“淮安大关”监督盛住盛大人，太过古板，耽搁时间太多。谢振定问，过板闸花了多少时间？千总说，花了整整两天，按理说，半天都不要。

谢振定便又询问陋规收取情况。千总说，漕督衙门分文未收。

这千总能说会道，又把谢振定奉承一番，说谢大人巡漕江南，人马未到，告示先来，各衙门官员、巡弁、吏役无不遵守，实乃运军之大幸。谢振定反问一句：“真的分文未收吗？”千总一惊，忙说：“没有。真的没有。”随即指指那船行方向，“当然，那些纤夫是要付费的。”谢振定笑笑，他不知道千总所说真假如何，也没打算弄个水落石出，便对富纲说：“去船上看看吧。”

在千总带领下，富纲、谢振定一行人走到一条船上。因不是正规盘验，谢振定只稍微问了几句，然后随意指了一舱，千总撕去封条，打开舱门，捧出一捧米来，那米确实干圆洁净，看着可爱。谢振定拿了两粒，放在齿间咬咬，嘴里嚼嚼，连连说，不错不错。千总说：“我们大河卫，就在淮安城。大河帮兑运的漕粮，就是漕院所在的山阳县。在总漕眼皮底下，怎么敢胡来呢？我们要沾总漕的光，也要为总漕争光呀。”说罢，又换捧了几捧米，成色都很不错。富纲看着千总，笑笑，说：“可以了。”

千总把米放进去，关好舱门。张士元贴上封条。

一行人走了出来。

过大闸喽，嘿哟嘿，
兄弟们呀，嘿哟嘿，
纤上肩喽，嘿哟嘿，
弯下腰呀，嘿哟嘿。
迈右腿喽，嘿哟嘿，
左脚跟上，嘿哟嘿，
没偷懒喽，嘿哟嘿，
齐用力呀，嘿哟嘿。
…………

拉纤号子还在那里此起彼伏。

谢振定等又停了一会，看到把一条船拉上去，才继续往下走。昭梿还是恋恋不舍，三步一回头，直到转了一个小弯，才不再回头。

富纲把谢振定一行带进清晏园，江南河道总督兰第锡早已在此恭候。张士元等提着行李去了房间，兰第锡带着谢振定、富纲游园。

清晏园是总督河道部院衙门的后园。清晏者，河清海晏也。园内亭、台、楼、阁、假山错落有致，曲径、长廊、流水循环往复，花繁木盛，秀丽典雅，糅北方之开阔与南方之玲珑于一处，有“江淮第一园”之称。因此，这里也就成为接驾的行宫，康熙、乾隆二帝先后十多次下江南，每次经过淮安，都会驻跸清晏园。兰第锡带谢振定、富纲沿园中的荷花池走了一圈，然后来到池北的“荷芳书院”。谢振定问道：“荷芳，荷芳，取谐音‘河防’之意吗？”兰第锡道：“正是此意。”

晚餐分为两桌。富纲、兰第锡、谢振定在一个小包间里。兰第锡推富纲坐上座，富纲却说谢振定是钦差，皇华出使，谢振定摇了一下头，站到二席位。两位正二品官员，推让几次，还是兰第锡坐了上座，富纲坐了一席。菜只四菜一汤，鸡、鱼、肉、豆腐，非常普通，简略，够吃。席间，兰第锡简略谈了他的河防之道，沿岸栽树固堤，堤外筑防护堤，严禁近堤取土，至冬末凌汛、春初桃汛，安排人员昼夜巡逻，重要工段亲临督率等等，朴素，管用。兰第锡已是六十出头，比谢振定大二十有余。富纲是满洲正蓝旗人，也比谢振定大了十五六岁。富纲几次提及有关谢振定巡漕的两道谕旨，说那《巡漕告示》，太好了，因对旗丁兑漕也提出了要求，他已安排张贴到所有应该张贴的地方。谢振定表示感谢。兰第锡只对谢振定裁革巡漕使院陋规表示赞赏。谢振定觉得兰第锡好像冷淡了一点；富纲呢，又似乎热情了一点。

谢振定想起郭大昌，便向兰第锡打听。兰第锡说，郭大昌是个怪才，一个河道工程，需要人工多少，材料多少，最终造价多少，概算之后，八九不离十。但性格怪僻，难以与人共事。几任河督都想用他，最终都未用成。富纲便说，一个人，特别是一个官员，必须学会与人共事，否则，能力再强，也难以发挥出来。

谢振定觉得富纲的话，是特意说给自己听的。

晚餐很快吃完。走出餐厅，富纲轻声说："兰大人这菜，也太简略了一点。"谢振定笑道："客随主便吧。"

次日，吃过早餐，富纲先回淮安，谢振定则去拜访郭大昌。

谢振定一行三人，在清江浦街市溜达一圈，又看了拉纤过闸，又听了拉纤号子，过了辰时，再前往五圣庙。

刚到五圣庙门口，便见一个面色红润、髯长尺许、连鬓苍白的老人走了出来，随即便是一阵爽朗的笑声："哈哈哈哈，老夫知道今天定有贵客到来。"

谢振定连忙上前施礼。

郭大昌招呼客人坐下，泡好茶，便也坐下，一起喝茶。谢振定介绍来意，说自己初次巡漕，没有经验，尤其于河工，一窍不通，想请他去镇江，看看徒阳运河挑挖工程，指点指点。"振定无能，恳请帮忙。"谢振定说得很是诚恳。

"好，好。"郭大昌一口答应。他说谢大人巡漕江南，两道谕旨一下，震动很大，必有成效；还说谢大人是能干事之人，只要用得上他，一定尽力。

事情三言两语谈妥，话题自然转向。不知怎么提到和珅和大人，令人意想不到的是，郭大昌竟与和珅有很深的交往。

原来，还是乾隆三十三年至三十六年，和珅的外公嘉谟曾任河库道。河库道是南河河道总督属官，四品，掌管治河银两，算是肥缺。郭大昌在嘉谟手下任职。嘉谟对郭大昌尤为器重，每遇重要事项，都与之商量。和珅时为三等侍卫，家境贫穷，常遣仆人刘全，往返数千里，到清江浦请求资助。嘉谟一般每次以五十两银子打发。郭大昌奉命招待刘全饮食，与刘全相处甚欢。

后来，和珅急需一笔大的开支，再派刘全去找他外公，请求资助三百两银子。嘉谟听后，认为和珅胡乱花钱，没有止境，大怒，把刘全赶走了事。和珅没有办法，只好自己前来求助，不料嘉谟更为恼怒。朝廷规定，在京旗人不得私自出京。和珅前来清江浦，是违规行为。嘉谟甚至想大义灭亲，举报和珅。郭大昌知情后，从容劝说嘉谟："我看，和珅将来富贵应当在您之上，大人千万不要因为贫困而慢待他，您是外祖父，以三百两银子帮助外孙，是一件好事啊！"嘉谟很不高兴，生硬地说："既然你如此看好他，为何不自己掏钱帮助他呢？"郭大昌说："大人您不破费，我怎么敢动呢？"嘉谟无奈之下，拿出三百两银子给郭大昌，说："你今天就替我把他打发走。"郭大昌把嘉谟的银子给了和珅，自己也帮衬了三百两，又请和珅到清江浦最好的酒店吃饭。酒足饭饱之后，郭大昌握着和珅的手，说："您不日即当大贵，希您富贵之后，不要忘记今日之情，多为天下穷苦百姓请命。"和珅很是感动，紧紧地握着郭大昌的手，一个劲地点头。

不久，和珅以御前侍卫升任正蓝旗副都统，次年又升户部尚书和军机大臣。还真让郭大昌给说准了，和珅的富贵远在他外祖父之上。

乾隆四十九年春，乾隆帝第六次下江南，和珅随侍。进入江苏境内，即派刘全驰赴清江浦，约郭大昌相见叙旧。刘全说："和珅大人一直记得您，心想您会来京师找他的，您没有来，便又想找机会顺便看看您，还真有了一次机会，就是乾隆四十五年春，乾隆帝第五次下江南，和大人随同，但是很不巧，走到山东济南附近时，乾隆帝却又要和大人到云南查办案件，江南都没来成。这次，终于可以见面了，一定要好好聊聊。"想不到郭大昌却说："开初，我确想去京师玩玩，看看你们的。不久之后，我发现自己看错人了，便没来了。”刘全说：“您没看错呀。讲实在话，我当时都没想到和大人会这么有出息。只怕他自己都没想到呢！他几次和我讲，您的眼睛太厉害了。您怎么会看错呢？”郭大昌摇了摇头，说：“我看错了。真的看错了。当时，我只看到你的主人有济世之才，没有看到他的才能不是用来济世安民，而是用来祸国殃民。”刘全瞪大眼睛，良久，才说：“郭先生是不是言重了一点？”郭大昌说：“不重。当时，我认为我比嘉公高明，几年之后，我便知道自己错了。我想，当初我不劝说嘉公，任他对外孙‘治以逃旗外遣之罪’，也许还要好些。说句重话吧，你们主仆二人，弄得不好，将会死无葬身之地。”刘全默然不语。郭大昌又说：“十年之前的事情，就不要再提了，也不必再放在心上，就好像什么都没有发生过。总之，我是不认识什么和珅大人了，更不认识你刘全。走吧。”

刘全悻悻然走了，从此没再来往。

谢振定、张士元、昭梿听完故事，久久没有言语。

六

谢振定一行抵达淮安城时，已是黄昏时分。夕阳西下，运河波光粼粼，犹如一条金色的飘带。

晚餐安排在部院餐堂。谢振定随富纲走进餐厅时，淮关监督盛住及漕标副将、盘粮厅厅丞、淮扬道道员、淮安知府、山阳县令已站在那里等候。富纲一一介绍后，便指着右边上座的位子，请谢振定入座。谢振定自然要谦让，因他的官衔仅比山阳县令高，漕标副将还是从二品呢，淮关监督、淮扬道道员都是正四品，怎么也轮不到他这个从五品官来坐上座。富纲说，谢振定是皇华出使，有钦差关防，见官大三级，理应坐上座。淮扬道道员、淮安知府等便说是啊，是啊！只有淮关监督盛住站在那里，冷冷的一言不发。“我先坐了。”漕标副将边说边在下座位子坐了下来。富纲拉着谢振定，在左右两个上座位子坐了。

菜陆续端上来。上一道，介绍一道。蟹粉狮子头、冰糖扒蹄、三套鸭、淮扬一品盅、清蒸鲥鱼、醋熘鳜鱼、盐水虾、平桥豆腐、香菇油菜、松子鱼米、天下粮仓。菜名好，味道比名更好。

谢振定觉得味道最好的是那个淮扬一品盅，不免赞美几句。

富纲说，谢大人是第一次吃吧。谢振定说是的。富纲就特高兴，便详细介绍起其材料和做法来。原来，这菜，主要材料就有鲍鱼、鱼翅、辽参、干贝、甲鱼裙边、鸽蛋、嫩笋尖、火腿片等，做法更是繁杂。谢振定笑道:“富大人，上这样的菜，太客气了，也太奢华了啊！”富纲也就笑道:“客随主便吧。”两人又是相视一笑。

餐桌上聊得最多的自然是菜。几乎每道菜都有一个故事，包括那个看起来非常普通的平桥豆腐在内。故事最为精彩的，不是淮扬一品盅，而是鲥鱼。那个鲥鱼，来自镇江，味道鲜美，民谚称“红烧鲥鱼两头鲜，清蒸鲥鱼诱神仙”。传说鲥鱼非常爱惜自己的鳞片，当捕捉它的网一触到鳞，它就急死了。制作鲥鱼时也是保留鱼鳞的，因为鲥鱼鳞很肥，咀嚼起来特别香。鲥鱼不论生熟都不能存放过久。初夏闷热，如果没有冰块，在日光下不需半日，便鱼鳃发黑，不能食用。鲥鱼煮熟，也不能久放，否则很快就会变味。这样的美味，自然成了招待贵客的佳肴。康熙帝、乾隆帝下江南，一吃到鲥鱼，便赞不绝口。特别是康熙帝，鲥鱼可以说是他的最爱。据说第一次巡视江南回京后，康熙帝不时想起鲥鱼的味道，一天，想着想着，不免口水直流，于是，一道“飞递鲥鲜，以供上御”的谕旨，便从京师飞递到了两江总督府衙。两江总督立即组织运送。镇江到北京，水陆兼程，两千五百余里，鲥鱼限三天送到，这可忙坏了沿途的地方官员和驿站人员。于是，一面每隔三十里便立一塘，竖上旗杆，白天悬旗，夜晚点灯，作为里程标志，好计算行程；一面将刚起水的鲥鱼赶紧用冰块封好，立即上路，飞马传递，人不下马，在行马中交接。鲥鱼按时送达京城，从此成了贡品。两江总督、江苏巡抚定时进献鲥鱼。渔民缴纳鲥鱼，如同农民缴纳漕粮。后来，有位监察御史对这种劳民伤财之事很有看法，专门上了一道《请停供鲥鱼疏》，说运送一趟鲥鱼，需动用上万人，健马三千多匹，花费实在太大，请皇上谕令停供鲥鱼。康熙帝看罢奏折，深感惭愧，立即下了“永免进贡”的旨令。

这一故事，在朝野传为美谈。

话题自然而然转到了监察御史，转到了谢振定。富纲奉承谢振定，说乾隆帝如何器重，几个人便要谢振定讲讲乾隆帝召见的情形。谢振定便重点讲了乾隆帝告诫漕务以速为要、巡漕惟当以督催漕船行进为第一要务等话。富纲便望望淮关监督盛住，又望着谢振定笑笑。这时，淮扬道却提到了谢振定的《皇上八旬万寿赋谨序》，还背诵了几句，说写得如何如何好，佩服佩服。谢振定觉得淮扬道话外有话，言外之意似乎是说乾隆帝器重谢振定，与那篇赋有关，便说，自己没写过长赋，试试手而已。为了进一步洗刷自己，谢振定又说了与嘉亲王、礼亲王等四人吃了个饭，嘉亲王如何重视漕运，说国之大事，惟兵与漕，说漕运是朝廷血脉，他还想当一次巡漕御史呢！

众人听了兴致勃勃的。富纲笑着，望望盛住，对谢振定说：“知道盛大人与嘉亲王的关系吗？”

谢振定一惊，摇头道：“不知道。”

“估计你不知道。”富纲笑道，“盛大人是嘉亲王内兄呢。”

谢振定连忙站起来，面向盛住，抱拳作揖，诚恳地说：“不知者无罪。盛大人，得罪之处，请多包涵。”

盛住一直板着的脸露出一丝笑容，他缓缓站起来，拱了拱手：“哪里哪里。请坐，请坐。”

两人便又重新坐下。

这顿酒一直喝到戌时将尽。富纲还未尽兴，邀谢振定到茶室喝茶。谢振定知道富纲有话要说，便随富纲进了茶室。富纲亲自烧水，泡了一壶龙井，为谢振定斟上，便拉开了话匣子。他无非是说漕运如何艰难，他又是如何能干，谢振定开初有点反感，渐渐觉得有一定道理，看来，真的是人人都有一本难念的经。比如说，浙江省帮船开行之时，无一定先后次序，向来彼此争先。有米未兑足，却争相开行，后用小船载米，赶上受兑者。毋论小船另费脚价，而米色之佳否，上船之足数与否，更无从查察。而江西十四帮，每年都由粮道当堂令各帮拈阄，确定先后，井然有序。漕督推介这一做法，浙江就是不予采纳。再比如，造船一事，乃守备专责。而湖广造船板薄钉稀，油灰减省，极为不堪。而又务为高大，不济实用。推原其故，皆由守备全不认真，听任旗丁自造。旗丁包于舵役，舵役包于厂户。加以官吏从中克扣分肥，如此哪里还有坚固之船？再如疲丁一项，每年必须换补。可千总请革之丁，守备反为包庇，仍与姑留。每年有船已出运而丁尚未到帮者，有行至中途坝上而脱逃者。又湖广锢弊，全由舵丁包运，旗丁多不过虚应名色。或有奸舵偷卖米石，到通挂欠，或行为不法，经千总请革请缉。而守备听其革于此船，仍入彼船，革于此帮，仍入别帮。如此，舵役包运之弊，怎能禁止？“难哪！很多人看漕督，只看到风光的一面，看不到艰难的一面。”富纲苦笑一声，结束了他的苦诉。

“是啊。不容易。”谢振定感叹道，“皇上对旗丁之苦很理解，而对漕督之苦不甚了解。富大人，您应该将漕督之苦上奏皇上。”

“您这是什么意思？”富纲疑惑道。

谢振定说：“就是这个意思。没其他意思。”

“皇上是不是对我有所怀疑？”富纲还是不放心。

“没有。”谢振定道，“皇上说您能干，识大体，总能克服困难，把漕粮按时运抵通州。”

“这我相信。”富纲说，“皇上还有什么其他想法，您可要指点一二啊！”

看来，再说皇上对他没有其他看法，富纲怎么也不会相信了。皇上还说要敲打敲打他呢。这无意中一句话带来的效果，不比敲打更好吗？谢振定要的正是这种效果。

“好的。我一定有什么说什么。不过，说一千，道一万，还是快速为要。”谢振定顺便转移了话题，“我尽快赶往瓜洲、镇江，把漕船催过长江，催入淮扬运河。您在淮安把关。我俩共同努力，力争比去年早几天过淮抵通。”

“有您守瓜洲，那边我一点也不担心。我这边……”富纲迟疑着说，“我这边，我只担心淮关磨蹭，拖延时间，盛住盛大人那里，恐怕到时还要您出面才行。”

“不可能吧？”谢振定疑惑道。

“十有八九会耽搁时间。”富纲说，“我讲，他不会听的。您讲，兴许会听。到时再说吧。”

“还有，”谢振定道，“裁减巡漕委员一事，落实得怎么样了？”

“差不多了。”富纲说。

谢振定猜测落实得不够好，便加重语气说：“皇上甚为关心旗丁，要求我们替他体贴旗丁之苦。巡漕委员，原来就是几人，十几人。去年已达八十人。增一巡漕委员，就增一收费关卡，增加旗丁负担。今年务必裁减一半以上。同时，《巡漕告示》规定得很清楚，委员只能自己催漕，不能再又雇请人员催漕，必须落实。”

“好，好，我落实。”富纲说，语气还是不很坚决。

谢振定知道此事玄乎，又说了几句，但心里还是不踏实。当他准备起身离开时，富纲却拿出两个布包来，递给谢振定，说：“您的养廉银。”

谢振定说：“刚到就给？我以为要等巡漕完毕呢。”

富纲说：“迟早要给，早给好用。”

谢振定接过布包，双手提提，感觉明显不对，问道：“这么多？”

富纲说：“六百六十两。”

“不是只有二百四十两吗？”

“我补的。”

“这怎么行呢？”

“您放心。在我的养廉银里补的。”

“占您的便宜啊！这不好吧。”

“我的养廉银多，九千五百八十两呢。”

“您开销大啊！”

“开销是大。但也不少这一点。巡漕御史养廉银太少了一点，历任总漕都补足了的。这是老规矩。”

谢振定想，巡视南漕御史的养廉银，原来是六百六十两的，乾隆八年开始，济宁、天津、通州三处巡漕御史分去四百二十两，就只有二百四十两了。历任总漕是不是都给补到了六百六十两，不得而知。不管怎样，话说到这个份上，这包是只能接下了。

“那就从命了。谢谢富大人！”谢振定说罢，提着包便往外走。

富纲说：“不用谢。好手难提四两。我安排个人送吧。”

谢振定说：“不远，我提着就行。”

次日，吃过早餐，谢振定、张士元、昭梿等一行人，跟随富纲，来到城西门外北角楼运河南岸的盘粮厅，进行过关盘验。这里下砌石岸，上盖大楼，怕有二三十间房。所有粮船过淮北上，必须逐一盘验。如干圆洁净，米色正常，无潮湿掺杂，则可过关。此外还要检查带货多少（不超过一百二十六石）、吃水深度（不超过三尺八寸）。朝廷要求，南漕御史应于帮船到淮之时，会同漕运总督迅速盘验，以免渡黄稽缓。但这盘验的职责，真正归属者是漕督，具体执行是盘粮厅厅丞及其属员。巡视南漕御史与其说是会同，不如说是监督，也就是监督漕运总督与盘粮厅官员是否按规盘验。谢振定认为，监督盘验，必先学会盘验。所以，早餐后出发前，谢振定要求自己的属员老老实实、认认真真学习。

这次盘验的，是泗州前帮的二十四艘粮船。

盘验事务并不复杂，可说一学就会，特别是张士元，很快就非常熟练了。泗州前帮领运千总事先递交了表册，旗丁、水手、漕粮，所带货物名称、数量等等，张士元等一一进行核对。

将近午时，盘验完毕，二十四艘粮船，米一万五千四百二十二石八斗七升五合，干洁无亏，当令开行前进。富纲说："这二十四艘粮船，我们盘验，只花了半天。下行到淮安大关，就要一天以上。这段时间，船少，还不要紧。春节过后，船多了，就麻烦了。"

谢振定想，根据漕运总督部院的规定，漕船过淮，江北各府州县，在十二月底前；江南苏、松等府，在次年正月底前；浙江、江西、湖南、湖北四省，在二月底前。通过淮安的漕船，集中在春节之后，四千左右的船只要在那两个月内通过，肯定拥挤不堪。谢振定说："能不能两关合一关？你们在这里按你们的要求盘验，他们在这里按他们的标准收税。"

富纲一愣，随即摇了摇头："不可能的。"

谢振定也觉得这是不可能的，至少暂时是不可能的。

下午，富纲、谢振定两人联名上奏南粮重运头、二帮船过淮情状。富纲先已拟好奏稿，内称十一月十三日、十七日，大河前帮、泗州前帮都是富纲与谢振定共同验签的。谢振定略加改动，便为：

> 大河前帮十一月十三日来淮，臣富纲当即按船验签。臣谢振定十一月十五日行抵清江浦，上船抽验。十六日行抵淮安，十七日，会同臣富纲盘验泗州前帮……

富纲说："谢大人，你也太认真了点。"

谢振定说："一是一，二是二，心里踏实。"

富纲很快抄正，署上姓名，谢振定亦署上姓名，便由富纲交驿站发往京城。

谢振定会同富纲验过三帮漕粮，觉得督催徒阳运河的挑浚更为重要，便率张士元等一班人前往瓜洲。

谢振定沿康乾二帝南巡的线路，乘船往南，高邮、宝应，谢振定都只住了一晚，与县令见个面，吃顿饭，聊聊漕粮兑运的情事。在扬州，不得不多待两天。一呢，扬州府管辖地域宽，直辖江都、仪真、泰兴三县，领高邮州、泰州、通州三州，州下还有四县，漕务事情多。二呢，扬州知府曾燠是谢振定的诗友，前年的京察，两人都是一等加一级，恰好前几天袁枚从江宁到了扬州，王文治也从京口赶来相会，这样的文朋诗友都在扬州，不一起喝酒聊天吟诗作赋怎么行呢？

太阳偏西时，谢振定到达扬州城，在便益门码头上岸，曾燠率江都知县阳大桂等在码头上迎接。打过招呼后，谢振定便要去查看江都县漕粮兑运情形，曾燠说：“今天时间不早，您也路途辛苦，不如先去府衙，与王文治前辈见个面。我明天陪您看一天。您后天再去瓜洲。”谢振定说：“也好。客随主便吧。”

在府衙旁的驿馆安顿之后，阳大桂等各自回衙了，曾燠带谢振定、张士元、昭梿进了知府衙门。

他们先在院内兜了一圈。院子很大，说是衙门，不如说是园林。谢振定印象最深的是那片梅花。每树梅花，开了那么三五朵，七八朵，大都还未开，还只是米粒般大小的一点红，感觉特别的好。

知府衙门的梅花里，藏着个题襟馆。

赏完梅花，曾燠便将人带入题襟馆。

题襟者，抒写胸怀也。题襟馆为一小平房，一个大厅，几间小房，可以喝茶、绘画、弹琴、下棋。这馆据说建于宋代，曾燠予以重修，以延纳四方名流唱和，抒写胸怀。曾燠带谢振定等进来时，正坐在那里喝茶的袁枚、王文治、佩香夫人，还有另外一位女人，连忙站起。老朋友打过招呼，谢振定介绍了随行之人，又喧宾夺主，介绍了袁枚、王文治、佩香夫人。剩下那位女的，便由袁枚介绍："香岩女史，扬州人氏，出自书香世家，精于吟咏，古人崇拜李清照，今人崇拜谢芗泉。"

一桌人便哈哈大笑。谢振定说："袁老前辈莫开玩笑。"香岩站起，鞠了一躬。袁枚说："哪里是开玩笑，我说的是真话呢。香岩背得你很多诗呢，特别是那首有'酒痕红到绿扬城'的，香岩几乎是天天要背的。香岩，你背一遍看看。"香岩便站起来，面对谢振定，笑笑，然后背了一遍。众人便报以掌声。袁枚说："再背一首。"香岩便又站起，背了一首。昭梿便连声说："惭愧，惭愧。"曾燠以前认得昭梿，便侧过头问："怎么惭愧呢？"昭梿说："我几乎天天和谢大人在一起，还想拜他为师，却背不全一首谢大人的诗，只记得一两句。"佩香夫人笑道："这只能说明一个问题。"昭梿立马问："说明个什么问题？"佩香夫人说："你没有香岩那么喜欢芗泉。"自然又是一阵笑声。香岩的脸被人笑得绯红的，两只大眼睛被脸衬得更加黑亮。

谢振定忽然心里一热，脸可能也红了，情急之中，想起一事，忙说："我十三四岁时，没有见过梦楼前辈，却倾慕他，背得他很多诗呢。"

“有这事吗？”袁枚表示怀疑。

“有这事吗？”曾燠也表示怀疑。

“芗泉只怕是转移话题吧。”袁枚说，“没有必要啊！”

“冤枉。”谢振定把目光转向王文治，“梦楼前辈可以证明。”

众人便望着王文治。

王文治说：“六年前，芗泉和我初次见面，即说过这事。后来，又在信中提及过。”

“啊——”众人不再怀疑。

“今天是个好日子。”张士元说，“辛苦各位，为士元题首诗吧。”说罢，拿出一个布包，慢慢打开，露出一个册页。原来，半年前，张士元绘了一幅《贶诗图》，请人题诗，现已达五六十人之多。他视为宝贝，随身带着。

册页在众人手里递来递去，转了一圈，却没人动笔。谢振定说了舒位的《大清诗坛点将录》，说袁枚是及时雨，排第二位，实际上是排第一位。因为托塔天王沈归愚早已作古。今天就下一场及时雨吧。张士元、昭梿立马赞成，并说舒位给诗坛排座次的那次聚会，他俩也在场。可袁枚怎么也不动笔，似乎对那排名并不满意。推来推去，推到王文治身上。王文治就不再谦让，挥笔题了一首七言绝句：

征衣拂拭出都门，
又染扬州旧酒痕。
千里西风黄叶路，

且凭诗句与温存。

看王文治写出第二句，谢振定心里便咯噔一跳。题完后，众人默不作声。“好，好。”还是谢振定打破沉默。

“献丑了。献丑了。”王文治笑道，“老了，文思枯竭了。”

“宝刀未老。”谢振定夸赞。

“宝刀未老。”张士元也跟着夸赞。

晚上喝酒，话题集中在袁枚诸女弟子身上，袁枚略有炫耀之意，佩香夫人也不在乎。袁枚忽然提出，香岩不拜自己为师，要拜谢振定为师。谢振定立马说：“不要开玩笑，不要开玩笑。”袁枚说：“怎么是开玩笑呢？香岩你自己说。”香岩便站起来，微微鞠躬，说她确实很想拜谢振定为师。谢振定想都没想，便扬扬手，说自己巡漕，四五个月就走了，怎么当老师呢？袁枚说：“我都收了十多个女弟子，芗泉你也收一个吧。”谢振定说：“香岩，其实你应该拜佩香夫人为师。”佩香夫人立马说：“芗泉大人，香岩要拜我为师，还用你来开导吗？”香岩说：“我经常向佩香姐姐请教的，拜不拜师一样。”曾燠、王文治包括昭梿在内，都在边上起哄，谢振定便答应收香岩为徒，只是不举行什么拜师礼。

这晚的酒，一直喝到二更。

次日，谢振定睁开眼睛，看见阳光已照到床上，便连忙起床。曾燠、阳大桂已在外面等候。吃过早餐，谢振定和曾燠等一同前去查看漕粮兑运情形。看了一天，情况还好。谢振定叮嘱阳大桂，务必按照《巡漕告示》，一项一项落到实处。江都是巡漕衙门所在地，出不得事。曾燠笑道：“江都漕运出事，巡漕御史面子上不好过的。”谢振定说：“扬州知府面子上也不好过啊！”阳大桂说：“两位大人放心吧。历任江都县令都把漕运放在重中之重，不会出事的。”

第三天，吃过早饭，谢振定便与江都知县阳大桂、漕标把总王国俊一起，乘船赶往瓜洲。

出扬州城，到瓜洲，只十四五里，约莫一个时辰，便到了。江防同知署刘司马、瓜洲巡检署张巡检已在使院门口等候，阳大桂把谢振定送进大门，打过招呼，便与刘司马、张巡检一道先去大观楼了。

这瓜洲，隶于扬州府江都县，濒临长江，对岸便是镇江府属的京口。北宋神宗熙宁年间，王安石罢相，自京师开封返还金陵，乘船至瓜洲时，写下了《泊船瓜洲》的著名诗篇：“京口瓜洲一水间，钟山只隔数重山。春风又绿江南岸，明月何时照我还。”这样的诗句，莫说读书人，就连瓜洲、京口一带的光眼瞎子，也都背得。

瓜洲不大，却是要津，可谓两淮咽喉，北上南下的船只，几乎都要经过这里，康熙、乾隆二位皇帝十二次南巡，次次驻跸同一地点的，只有瓜洲。由于船来人往，瓜洲自然成了一个繁华的集镇。城里有东、西、南、北大街及镇庙大街、青石街、越河街等，设有京口水师协镇、江防同知署、巡检司署、巡漕使院、工部分司、税课局、瓜洲营守备署、瓜洲河营守备署、瓜洲火药局等机构，还有城隍庙、大观楼、天池等景观；城外设有瓜洲铺、扬子桥铺、皂角林铺、花家园铺、四里铺、八里铺，每铺司兵五名。城东南有烟墩、龙王庙、总铺；城正南有江口码头、通江闸、江神庙、三宫殿；城西有烟墩、广化寺、大王庙、头闸；城北有拔孤坛、都天堂。城内城外，人喊马嘶，熙熙攘攘，热闹非凡。

巡视南漕使院，原设淮安，巡漕御史大都与漕运总督一起，在淮安理事，后来，越来越多的有识之士，发现瓜洲不仅是一要津，而且是一关节，是一瓶颈，便于乾隆二十三年，将巡漕使院移置瓜洲，形成两大要员一守淮安、一守瓜洲相互呼应的格局。

巡漕使院位于南大街，离入江口很近，是一个坐北朝南的四合小院，只二十多间正房，另加工房、厨房、马厩。巡漕御史配有一匹马，一名马夫。院子只在巡漕时间使用，平时空着。谢振定等到来之前，江都县令阳大桂派来的两名书役、漕标把总王国俊的两名随丁已整理好院落，两位哨官及厨师、马夫、门卫都已到位。两位哨官各统兵二十名，唬船一只，带兵驾船，在瓜洲地段内河催漕护差。

使院大堂，正对大门。大堂两旁，各有四间房子。左边中间两间有门相通，大概是专为御史设计的，谢振定便住在那里。另两间昭梿、张士元住着。其他人则住在右侧。安顿之后，谢振定把大家召集到一起，明确分工，张士元负责内勤，包括管理钦差关防、接收文书、安排饭食等；对外联络、上船检查等事项，则自己负责。漕标把总、江都书役都有明确分工，只有昭梿没有具体事务。张士元笑话昭梿，说他职掌襄助，位仅次于巡漕御史。昭梿大度，一笑了之。谢振定明确，两位哨官由王把总安排，自己不直接指挥。

谢振定又讲了运漕旗丁之苦，讲了《巡漕告示》上的有关规矩，讲了历届巡漕御史、把总、家人、书役等勒索钱财受处分的案例，要求巡漕使院所有人员带头执行《巡漕告示》，随到随办，不收分文。“我们使院如果有人收了钱，一经查实，一定从重处罚。从我谢振定做起，我保证尽职尽责，不收分文。请各位监督。”谢振定说完，要求人人表态。昭梿最先响应，然后再是王把总、张士元等表态。

快到午时了，谢振定与王把总及张士元、昭梿去大观楼赴宴。其他人则在使院饭堂吃饭。

大观楼建在南面城墙上。

瓜洲的城墙，为防倭寇，明朝嘉靖年间，予以整修加固。加固后的城墙，格外扎实，高两丈有余，宽一丈有余，长十余里，把瓜洲围了个囫囵。万历年间，在南面城墙上，建成两层五楹的大观楼，明末清初毁于战火，康熙年间重建，为三层五楹，更为高大壮观。

谢振定一行从南门登上城墙，走不多远，便到了大观楼，却见刘司马、阳县令、张巡检在另一头散步。会合后，一行人直上三楼，凭栏眺望，却见长江如带，就在脚下，对岸京口，就在眼前。是日天朗气清，三山美景，尽收眼底。昭梿叹道：“真是壮观。不愧为长江四大名楼。”阳大桂说：“应该说长江第一楼呢。滕王阁、黄鹤楼、岳阳楼只能靠后。”张士元说：“好像滕王阁更有名呢。”阳大桂说：“是《滕王阁序》更有名吧。”昭梿便望着谢振定笑，说：“那岳阳楼、黄鹤楼呢？”谢振定笑道：“看来，大观楼还是少了一篇脍炙人口的诗文。”阳大桂忙说：“是的。是的。”说着，背了一首明代诗人于慎行写大观楼的四言绝句，谢振定说：“好诗，好诗。”阳大桂又背了一首康熙年间两淮文坛领袖王士祯写大观楼的七言律诗，谢振定又说：“好诗，好诗。”继而转向昭梿，说：“汲修，王勃的《滕王阁序》也好，范仲淹的《岳阳楼记》也好，崔颢的《黄鹤楼》诗也好，你背背看。”昭梿脸一下就红了，说：“背不得。只能背几句。”谢振定说：“背几句也行啊！”昭梿说：“莫背了吧。”谢振定不置可否。张士元说：“要想恩师收你为徒，三者都要能背啊！”

正在昭梿一脸窘相不知如何收场的时候，水师彭副将及通江闸主事来了。阳大桂县令一一介绍。闲聊几句，水师协镇彭副将对谢振定说：“谢大人，要选一个时间，检阅我们水师呢。”谢振定忙拱拱手：“不敢当，不敢当。”彭副将说：“这是惯例呢。”谢振定疑惑：“有这惯例吗？”王把总肯定地说：“有。就在这里检阅。还有一个固定的称谓，叫‘江楼阅武’呢。”谢振定连忙说：“振定孤陋寡闻，抱歉，抱歉。”彭副将说：“巡漕御史一般都不知道。我们都是特意提前告知呢。”

阳大桂说：“走吧，人都到了，吃饭去。”

一行人便朝楼内走。扬州府驻江都县城，或者说，江都县署设扬州城内。在府县城，很多活动，县令都被知府压着。到了瓜洲，知府没来，他独立请客，才有说有笑地舒展开来。

七

船缓缓在西津渡大码头停下。谢振定一行走下船来。瓜洲渡至西津渡，只两三里，真的片刻就到。

丹徒县令林大权身着蟒袍、鸂鶒补服，站在西津渡大码头迎接，看见谢振定一步一步走上码头，连忙跪下，叩头相迎。

谢振定拱了拱手，见过礼，林大权请谢振定上轿，谢振定指了指后面跟着的马，说："有马。还是走路吧。"

林大权便带着谢振定一行，沿着运河边的官道朝京口城里走。

谢振定随意说了句瓜洲、京口很近，林大权便拉开了话匣子。他说，真的很近，老辈人说，金山寺的和尚要吃豆腐了，就冲瓜洲喊上一嗓子，"买豆腐哦"，片刻工夫，瓜洲豆腐坊的小船就到了山脚下，送来了豆腐！还说，有一年，金山寺失火时，庙房的瓦片爆裂，炸飞到了瓜洲。昭梿笑道，这也太夸张了吧。林大权笑道，老辈人就是这么传的。

走不多远，大约一里吧，便见一闸，林大权说："京口闸。"谢振定便停下来，看了看，问："挑浚了？"林大权说："从运河口到西门，三里，最早挑浚的。从西门到南门，也就是虎驻门，三里，也挑浚了。现在主要挑城东了。”谢振定说：“这么快呀！”林大权说：“不快。只四十天工期，已过了十多天，要抓紧才行。”

不到半个时辰，林大权带他们穿过西门，来到县署，住了下来。离吃午饭还有一段时间，谢振定便随林大权在县署随意走走。

林大权介绍，镇江城为东西格局，均在运河东岸，城外环以群山，江滨金山、焦山、北固山三山并列，城内也有七峰，并有水网缭绕，可谓城在山水中，山水在城中。与瓜洲比，京口可以说是一个大都市。衙门就有常镇通海道署、镇江府署、丹徒县署；军事机构有江宁将军行署、城守参将署、水师标统署、镇江卫署等，有八旗兵、绿营兵、绿营水师，还有漕运旗丁；学宫有官办镇江府学、丹徒县学、试院，还有宝晋、淮海、濂溪、清风、鹤林等书院；城内城外的寺庙有金山寺、定慧寺、隆昌寺、绍隆禅寺、古大圣寺、崇庆禅院、超岸寺等。城内的米芾故居研山园、沈括故居梦溪园，金山的金山寺，焦山的定慧寺、瘗鹤铭，北固山北固楼、多景楼、临江亭、甘露寺等，都很有名气。

走了一会，便清楚了，原来丹徒县署右侧及后面是镇江府学（文庙），府学很大，至少是县署的三倍，一直延伸到山麓，左侧是鼓楼、城隍庙、文昌宫，前面不远，便是试院，府县两级考试都在这里进行，试院前面便是镇江府署。东北角这一块，可以说是镇江城的心脏了。旗营在西南，县学在东南，常镇道署则在西北。

走到镇江府署前，林大权说：“巡抚奇丰额大人住在府署，现在肯定还在工地。”

“巡抚也来了？”谢振定惊问道。

林大权说："不仅江苏巡抚来了，两江总督都来了呢。"

"苏凌阿苏大人也来了？"

"是啊。"

"住在常镇道署？"

"是的。"

"哪时来的？"

"两人都是开工之前来的。要等京口开坝、漕船渡江才走呢。"

"京口开坝定在哪一天？"

"十二月二十一日。"

"他俩一直会待在这里？"

"是的。"

"其他公务呢？"

"当紧的就在这里处理啊。"

谢振定不说话了，林大权也不说话了，两人默默往回走。走进县署，林大权说，晚餐再为谢振定接风，中餐就随意了。谢振定点点头。

吃过午饭，谢振定带张士元、昭梿等到镇江府署，拜访了江苏巡抚奇丰额、镇江知府贺贤志，然后到城西北角常镇道道署，拜访了两江总督苏凌阿、常镇道查淳，然后出南门，沿着运河，由西往东查看。

工地上，可谓人山人海，有人在河里挖泥，有人在砌石头加固河堤，更多的人是挑着畚箕，来往穿梭。虽然暖阳高照，毕竟是冬天，挑淤泥的人，大都穿着单衣，系着短裤，还有个别打着赤脚，艰难、辛苦可想而知。谢振定想，如果这样的苦力钱，还要克扣，也太没良心。

谢振定随意问了些情况，冷不冷啦，做一天多少钱啦，划不划得来啦，愿不愿意做啦，家里几口人啦，工头好不好啦。有人乐意回答，有人只是笑笑，有人理都不理。谢振定觉得，这样的督催，没有多大价值。

为谢振定接风的晚宴在县署食堂举行。两江总督苏凌阿、江苏巡抚奇丰额、常镇道查淳、镇江知府贺贤志、丹徒县令林大权等参加。苏凌阿、奇丰额坐了上座，要谢振定坐一席。谢振定要查淳坐，查淳怎么也不坐，贺贤志更不坐，谢振定只好坐了。

苏凌阿对谢振定很是客气，总是先端起杯子，示意谢振定喝酒，只是没说敬酒而带有敬酒的意思，谢振定也就端起杯子，提议一起敬苏大人的酒。

这桌六人，可以说是三代人，最大的苏凌阿苏大人，已经七十有七，比谢振定大了整整三十六岁，最小的林大权，刚过而立之年，比苏大人小了四十多岁。其他的，都在四十至五十岁之间。所以，不管怎么说，大家一起敬苏大人，都是应该的。

谢振定望着苏凌阿，说："苏大人，您事务那么多，年纪又那么大，这徒阳运河的挑浚，来看看就可以了，不必长驻这里。"

"不敢啊！"苏凌阿感叹道，"天庾正供，皇上这么重视。徒阳运河又这么重要，哪敢怠慢啊！"

"确实是的。"谢振定便顺着应承。

奇丰额却说："我看，谢大人说的很有道理。"

谢振定望着奇丰额，笑笑，说："依我看，就是奇大人，也不必长驻这里。"

奇丰额说："我也这么想，但苏大人来了，我敢不来吗？"

谢振定点点头："也是。"

谢振定便又问到如何督催，希望从他们那里学到一些经验。没想到苏大人、奇大人都讲不出个名堂，大意是这么多朝廷大员在这里，人人都不敢怠慢。

谢振定更加坚定了自己的想法，他说："依我看，常镇道兼着河道，挑浚徒阳运河，是查大人的专职，就由查大人一人负责，苏大人、奇大人回江宁，贺大人也在镇江府署办事，有事再找你，林县令呢，随喊随到就行了。"

查淳马上起身，说："查淳不敢推辞。"

苏凌阿却说："不管怎么说，开坝之前，我是不敢离开的。"

谢振定一愣，苏凌阿显然不高兴了，便立马笑道："振定多言了。自认罚酒一杯。"

奇丰额便望着谢振定笑。

谢振定觉得，苏凌阿可能把某些事看得太重了。

谢振定有点看不起他。

苏凌阿全名他他拉·苏凌阿，他他拉氏，满洲正白旗人。乾隆五十年，六十八岁的苏凌阿还是吏部一个无足轻重的员外郎，一般的人只考虑回家养老了，他却还雄心勃勃的，他攀上了和珅和大人，当上了兵部侍郎，后又改任工部侍郎、户部侍郎，乾隆五十四年，七十二岁的苏凌阿担任了户部尚书。一个年迈的从五品员外郎，五年时间升为从一品尚书，不仅在国朝是一奇迹，历史上也很少见。正在朝野议论纷纷时，更加不可思议的事情出现了，苏凌阿出任两江总督，从一品的尚书出任正二品的总督，不明明是奔着正一品的大学士、军机大臣去的吗？最让谢振定看不起的是，苏凌阿攀上和珅，靠的是女人。原来，他有个女儿，名叫纳兰，长得特别漂亮，有人甚至说是“惊为天人”，那一年，这位惊为天人的女人，成了和珅的干女儿。一旦议到此事，往往有人诡秘一笑，说和珅喜欢干女儿。

谢振定觉得，苏凌阿不敢离开京口，是真心诚意的，他认为，他守在这里，大家都不敢怠慢，便可把事办好，一旦离开，便会偷工减料，便有可能出事，而一旦出事，便前功尽弃。他没有想到，他守在这里，奇丰额便要守在这里，查淳便要花时间来应付他俩，反而牵涉到查淳的精力。

奇丰额先世虽为朝鲜人，后隶满洲正白旗，看来倒是很接地气。谢振定对奇丰额那一笑，颇有好感。他想起三个多月前在都察院击鼓鸣冤的易容，便问：“丹徒牛员易容那案审理完了吗？”

“审理完了。”奇丰额立马回答。

“奇大人亲自审理的？”

“苏州知府和吴县知县审理的。我审阅了所有案卷。”

“结果怎样？”

“查无实据。易容撤案了。”

“哦——？”

谢振定大吃一惊，久久没有说话。

本来，谢振定几乎忘了易容之事，奉命巡视江南漕运，才又想起来。他查了记录，署理左都御史纪晓岚批示，咨交江苏巡抚三月内审理完毕。都察院规定，规定期限内审理完毕的案件，无须上报；只有未结案件，才逐件上报原因。谢振定觉得既然来江南巡漕，就应该问问。

“那么，朱超宗、陈念曾还是当粮书？”谢振定转向林大权。

“是的。”

“你要易容哪天来见见我。”

“好。”

不管怎么说，宴会的气氛是不如开初那么融洽了。

辰刻刚过，谢振定等还在商量一天如何行事，清江浦郭大昌来了，众人便眉开眼笑，觉得心里有底了。郭大昌说：“沿着徒阳运河走一趟吧。”谢振定说：“好。”郭大昌说：“谢大人，您还是和苏大人、奇大人、查大人他们一起待着吧，我和张大人去就行，三四天后再会面商量。”谢振定说：“我还是跟您去学一点真功夫吧。”郭大昌说：“所谓真功夫，全在心中。您没必要去。”昭梿说：“我跟着去吧。”郭大昌说：“好。”谢振定说：“郭先生，您骑我的马去吧。”郭大昌笑道：“不要，不要。别看我比您大十来岁，一起走路，您可能还走不过我呢。”谢振定说：“反正我暂时不骑，就让马跟着吧，有备无患。”郭大昌退步了，说声也好，便出了门。张士元、昭梿跟着走了出去。

谢振定自然也跟着出来了。他们往东，出朝阳门，往南斜插，来到运河边，再沿着运河往东南方向走。走不多久，遇到查淳和贺贤志，郭大昌他们往前走了，谢振定停下，向查淳他们介绍郭大昌的情况。两人都很感兴趣，查淳建议一起去走走。谢振定说，郭大昌不乐意，说三四天后再碰头商量。查淳又问谢振定去哪里。谢振定说随意走走，如果方便，想去丹阳练湖看看。查淳说："我也想去，一起走。"贺贤志说："我也去。"

查淳调来马匹。一行人骑着马，朝丹阳县走去。

很快便到丹徒镇闸，超过郭大昌他们。午饭时分，查淳、贺贤志、谢振定一行进入丹阳县境，走不多久，便远远看见江苏巡抚奇丰额在那里指指点点，原来，奇大人也想去看看练湖。会合之后，一道往前，不久即到一个叫方渎桥的地方，在一小店吃过午饭，便去练湖。

练湖是一处人工湖泊，建于西晋初年，已有千多年历史。鼎盛时期，周湖四十里，水面十余万亩。湖分上湖、下湖。上湖高于下湖，下湖高于运河。冬春水涸，漕艘难行，则启闸放水，以济漕艘。湖水放一寸，河水增一尺。夏秋水发，则闭闸蓄水，使无旁溢。因此湖河之制，冬春不致病涸，夏秋不致病盈。由于湖高于河，如不堤防节蓄，则水之就下，势若建瓴，泄无余沥，必病于漕。滨湖田畴灌溉无水，兼而病民。因而历朝历代，均重视治理练湖。康熙、乾隆下江南，都曾到过练湖，都曾留下墨宝。

从方渎桥到练湖，也就两里多路，一行人很快就到了。初冬的练湖，在阳光的抚摸下，显得更加澄碧、恬静，四围的青山，松也好，竹也罢，统统倒映在水中，不时有天鹅、鹭鸶等水鸟从水面掠过，飞向远方。

谢振定站在南面湖堤上，望着那宽阔的水面，心中有说不出的高兴。“还有几万亩水面？”他问站在身边的贺贤志。

“三万多亩吧。”贺贤志回答。

“从这里到入江口多远呢？”

“将近六十里。”

“那湖水多少天放一寸呢？”

“大概五至七天吧。”

停停，贺贤志又说：“湖水放一寸，河水增一尺。这是民间俗语，宋元时期就有。那时，水面比现在要宽一两倍，湖面下降一寸的时间也比现在多一倍以上。”

“练湖能够放的水有多深呢？”

“也就一尺四五寸吧。”

“那练湖的水，还是不能保证运河补水的需要啊！”

“差得远呢。”

湖中有一小岛，状如青螺，松竹茂盛，院宇隐隐若现。一只小船，从岛旁开来，在头涵二涵中间的石码头前停下，奇丰额、查淳、贺贤志、谢振定等上了船。

上到岛上，才知这青螺也不太小，南北长怕有四五十丈，东西宽也有三四十丈，总面积近二十亩。湖心亭、文昌阁、王公书院、关帝庙、刘猛将军庙等建筑，都在松竹包围之中。

湖心亭中，立有一块两人高的大碑，上书康熙帝题词“万世永赖”四字，后有“湖心亭圣恩碑记”。

原来，这练湖，在康熙年间，还遭受过一次大的劫难。

练湖建成之后，便不断遭到侵蚀，甚至还有兴废之争。进入清代，因练湖蓄水逐渐减少，济漕功能日趋减弱，滩涂大量出现，康熙十九年，吏部左侍郎张鹏与江苏巡抚慕天颜，以“裕固便民”为由，上奏将上练湖改为农田，增加农业税收。此例一开，众皆效尤，下练湖也相继被吞食，练湖水面更加萎缩，不仅运漕水源枯竭，下游农田灌溉也受到影响，乡民怨声载道。康熙四十六年，于准出任江苏巡抚，下车问民疾苦，首以丹阳练湖为念，皆有复湖之志，恰逢康熙帝巡幸江南，官民申奏练湖垦殖之危害、废田复湖之利是。康熙听之有理，遂下旨复湖。功成之后，为防复占，康熙四十八年九月廿七日，题“万世永赖”四字，以昭后世，永存不废。

复湖之后，沿湖百姓及运河漕运广为受益。康熙五十五年冬，湖边万民下湖，挑土筑墩，墩中建圣恩亭，亭中勒碑，苏州知府陈鹏年书康熙“万世永赖”四字于碑上，永志纪念。

“这陈鹏年大人，还是我湖南老乡呢。”谢振定指着那碑，笑道，“他是湘潭人，我是湘乡人。共一个湘字，都是长沙府人，挨着，我去省城长沙，要从他家门口过。”

查淳愤然道：“我在想，古人怎么那么聪明，一千多年前的人，能建那么大一个湖；今人为什么那么愚蠢，把一个好端端的湖给毁了。”

“查大人可千万别乱说。”奇丰额笑道，“废湖造田，可是康熙帝恩准了的啊！”

查淳笑笑。

贺贤志却说:“张鹏与慕天颜，不出那么个鬼主意，康熙帝凭什么恩准? 张鹏还是丹阳人呢，丹阳的罪人。”

“我推测康熙四十六年的复湖，主要是复了下湖。”查淳指着北面的湖堤说，“上下湖之间，那三座闸，废了多年，只有遗址了，上湖根本没有蓄水。我来过这里多次，我想，从长远看，还是要恢复上湖。”

奇丰额说:“我也是这么想的。”

贺贤志便对奇丰额笑道:“您就做个于准第二吧。于准复了下湖，奇大人您就复了上湖，一样青史留名。”

奇丰额说:“莫说青史留名，我确想在此下点功夫。走，去上湖看看。”

几个人便上了船，回到原码头，骑马朝上湖走去。

走到隔开上下湖的长堤，几个人下了马，步行过了第一道闸坝，来到中间那道闸坝处，看到上湖中间最低处，有一小河向下湖流水，小河边是滩涂，然后便是农田。查淳说:“乾隆第二次来到练湖，写了一首七绝:‘四十里周回曲阿，当年让地虑非讹。只今闸础依然在，但觉开田日以多。’也说明当时复湖不够。”

谢振定说:“这三道闸坝完全不起作用了，上湖有水，直入下湖。下湖容纳不了，只能溢出，毁坏农田。如把中间这道闸坝稍加修治，也能蓄点水，既可济运，又可减轻危害。”

“我也这么想。”奇丰额说，“估计所需经费不多，请查大人做一预算，先藩库与河道各垫支一半。毕县令负责施工，我来督办。”

谢振定望着贺贤志，说："有什么难处吗？"

贺贤志说："恢复上湖，卑职以前从未想过。是否有什么纠葛，尚不清楚。"

"肯定有纠葛，甚至是比较大的纠葛。"谢振定说，"不然，这么多年来，不可能没有任何作为。我想，恢复上湖，还是先做规划，详细考察，看有什么纠葛。可以考虑做两个规划，一是全面恢复上湖；一是只恢复中间一小部分。现今能够动的，就是下湖的挑浚了。我看，下湖应该是多年未挑了，大有潜力。"

查淳说："据我所知，至少十年以上没有挑浚了。现今练湖所蓄的水，主要用于灌溉农田，用来济运的水很少。如果雨水均衡，旱情不明显，用来济运的水就比较多。如果夏秋连旱，湖水保了农田，就所剩无几了。"

谢振定说："依查大人所说，就更应该挑浚了。"

"是的。"查淳说，"这项工程，我们三人同下决心，肯定可成。请两位大人都上一道奏折。规划明年完成。但今年要动工，运河挑浚后就动工，越快越好。"

谢振定抚掌笑道："好！"

八

斜阳草树，寻常巷陌，人道寄奴曾住。想当年，金戈铁马，气吞万里如虎。

谢振定跟在王文治后面散步，心里默默背诵辛弃疾的《京口北固亭怀古》，想象南朝宋武帝刘裕当年金戈铁马中的英武豪迈。昨天下午，谢振定从丹阳回来，刚进县署，王文治便来了，约谢振定到家吃个便餐，以尽地主之谊。今天，谢振定只到工地打了个转，便早早地到王文治这里来了。

谢振定和王文治脚下的土地，就是当年寄奴曾住的寻常巷陌，镇江城南面三里远近的黄鹤山。

寄奴就是宋武帝刘裕。刘裕小名寄奴。

黄鹤山不高，不足三十丈吧，也不大，囫囵一圈，两三百亩吧，一个南方普普通通的小山包。

但小名寄奴后来成为南朝刘宋开国君主的刘裕，就出生在这小山包里。

这个小山包原来不叫黄鹤山。传闻刘裕家贫，经常在这小山包上打柴，有一次，他见黄鹤百群，时翔时集，不停地在他身旁飞来飞去，给他留下深刻印象。后来，小寄奴成了皇帝，小山包就称作黄鹤山了。

黄鹤山因刘裕而得名，因刘裕而有名，于是，达官贵人、骚客文人到了镇江，就要到黄鹤山逛逛，仅唐宋文人，就有骆宾王、王昌龄、刘禹锡、梅尧臣、苏舜钦、曾巩、王安石、苏轼、文天祥、米芾、陆秀夫等到过这里，米芾晚年，更是一住就是二十年，死后亦葬于斯。于是，因刘裕而有名的黄鹤山，就更加有名了。谢振定想，刘禹锡写《陋室铭》时，可能就是在登临黄鹤山时受到了启发吧。是的，山不在高，有仙则名。这个仙，就是名人。

谢振定看看走在前面几步远的王文治，这位六十有五的老人，走起路来，腰板笔直，身轻如燕；说起话来，字正腔圆，声若洪钟：只怕是百岁不老呢。王文治原来住在城中，十年前才在这半山腰筑一小楼，名曰梦楼，是否有某种情结呢？

说来，王文治也算是个奇人。二十几岁便名动京师，凭什么呢？书法。他的书法，用笔规矩而洒落，结构紧密而内敛，墨色以淡为主，忠实地秉承帖意，但其流转自然，并不圆媚与轻滑。转少折多，以折为主，显得果断有致，干净利落。瘦硬的笔画略带圆转之意，既妩媚动人，又俊爽豪逸，风神萧散，笔端毫尖，处处流露出才情和清秀。朝廷要员巡视台湾，邀请并无功名的王文治同往，台湾人纷纷重金求购其墨宝，让这个小伙子名声大震。乾隆皇帝下江南，在杭州寺庙中见其所书《钱塘僧寺碑》，大加赞赏，更使他声望大增。

但书名不是功名，即使乾隆爷认可，也还不是功名。进入主流，非有功名不可。不过，不要紧，王文治有才，考一个就是。四年之后，也就是乾隆二十五年，他参加殿试，轻而易举中得探花。因他喜用淡墨，时人便称他“淡墨探花”。乾隆二十八年，朝廷举行翰詹大考，王文治考取一等一名，便从翰林院编修升为侍读，正七品到从五品，一跳三级。次年，又一跳两级，升任云南临安知府。从进士到知府，不到五年时间，历史上也是少有的。可是，三年后，他便厌倦官场，辞官返乡了。其时，他才三十七岁。

谢振定知晓世上有个王文治，大概就在这个时候。那时，谢振定只有十三四岁，在湘乡县城读书，一位比他略大的同窗，拿出两页王文治的手书，讲起王文治的故事，手舞足蹈、活灵活现的，仿佛就在身边，谢振定听得呆呆的，钦慕之情油然而生。后来，谢振定中了进士，到了京城，说起这事，一位好友竟然送了一幅王文治的字给他，他简直如获至宝，当晚便请好友们大吃大喝一顿。乾隆五十三年，谢振定出任江南乡试副考官，在江宁袁枚家与王文治相会，两人一见如故，大有相见恨晚之感。回京时，谢振定又在镇江盘桓数日。两人曾争得脸红耳赤，争过之后，感情更深，且互换兰谱，义结金兰。

那次争论，回想起来仍然有趣。那天，焦山定慧寺住持借庵来黄鹤山看望王文治。王文治笃信佛教，曾在杭州天长寺剃度出家，法号达无。借庵来了，自然又是谈玄论佛。谈着谈着，谢振定便与他俩争论起来。谢振定认为，儒家关注今世，其理可证；佛教关注来生，而来生不可证实，不能证实即不可信。王文治、借庵认为谢振定没有入门。谢振定认为，佛学确实博大精深，充满智慧，作为个人，信奉佛教，谈玄论佛，万世轮回，天马行空，无可厚非。但皇帝也好，其他人也好，想以此作为治国之道，施政指引，则是无稽之谈。这话引来了王文治、借庵更猛烈的攻击。看似无法招架时，谢振定却轻松地一招致胜。

谢振定说："我说佛教不能作为治国之道，施政指引，是因为佛教不能周普。而我们儒家学说，是可以周普的。"

"周普？"王文治一脸疑惑。

"周普者，周而复始，普行天下也。"谢振定笑道，"两位大师想想看，我承认我前面所说的都错了，国人都按你们佛教的来，都去当和尚、尼姑，那谁来生产？和尚、尼姑吃什么？都不生儿育女，现成的和尚、尼姑死了，谁来当和尚、尼姑？那可真是一个寂灭的世界。毫无疑问，佛门必须依赖世俗社会才能维持、延续。"

王文治、借庵无言以对。

短暂的沉默之后，王文治把话题转移到诗词，气氛便又活跃起来。

实际上，王文治还在想着那场争论。互换兰谱后，王文治问谢振定："芗泉，'周普者，周而复始，普行天下也'，出自哪里？郑玄《周易注》里的周普，好像不是这个意思。"

谢振定哈哈大笑，笑够之后，才说："出自振定也。"

王文治真的有点难堪了，不过，他很快转过弯子，还夸赞谢振定聪明。

谢振定想着那次争论，自顾自微笑着。

两人默默散步，不觉来到米芾墓地。墓不大，也就一间房子大小吧，墓碑上刻有“宋礼部员外郎米芾元章之墓”，字中规中矩，书家似乎不是很有名气。王文治介绍说，米芾自北宋元祐二年来到镇江，就被这里的风光深深吸引，他觉得这里就是他的家，肉体和灵魂的归宿，于是，便在南山鹤林寺附近筑庐，并亲题“城市山林”四字，还把父母接来同住，其父母死后就葬于黄鹤山。米芾在黄鹤山住了二十年，史书记载他葬于镇江，只未记载他葬于黄鹤山。谢振定说，米芾葬于黄鹤山，是合乎情理的。

谢振定和王文治边走边说，绕米芾墓转了三圈。谢振定说：“米芾诗文书画俱佳，是全才。有人称其为文奇险，不蹈袭前人轨辙，有人称画自成一家，尤其是枯木竹石，独具特色。但真正使其不朽的，是书法，一幅《蜀素帖》，就足以使他不朽。苏黄米蔡‘宋四家’，其实排米苏黄‘宋三家’就可以了。”

“同感，同感。”王文治大声赞道。

谢振定说：“您也是诗文书画俱佳，但世人能够记住的，可能还是书法。有人说您楷书师从褚遂良，行书学自《兰亭序》《圣教序》；有人认为您学了赵孟頫、董其昌的用笔；有人说您最得李北海真传，还有人说您习张即之。他们的说法都有一定道理，但有一点是不好说更学不到的，那就是天赋。这家那家，您都学过，虽然下的功夫可能并不比别人多，但字却出样了，天赋使然啊。”

“知我者，芗泉也。”王文治赞成谢振定的分析。

“咦——”谢振定脑中忽然灵光一闪，恍然大悟，“这里，长眠着一位‘宋四家’，站立着一位‘清四家’呀！”

“不敢当，不敢当！”王文治朗声笑道，“芗泉抬举了，抬举了，不敢当。”

谢振定说：“前辈只怕早有此意吧。”

“折煞我也。”王文治说，“芗泉，你这么说，会折我阳寿的。”

谢振定道：“折您二十年吧。您本来可以活一百二十八岁，活一百零八岁算了。”

两人说笑着往回走，将近梦楼时，遇上了镇江知府贺贤志、丹徒县令林大权。原来，王文治是邀请他俩来陪谢振定的。

进屋，坐下，喝茶。谢振定提出“清四家”说，贺贤志、林大权都说有道理，王文治还是说“折煞我也”，然后拿出一份文书，呈送给贺贤志。

原来，京口一带，偶有无名死尸出现，王文治联络十余位知名士绅，就此提出处置建议。

王文治等人考查：水陆毙尸的死因，有的是饥寒、疾病、醉酒、失常所致，有的是由于天黑失足，有的是走投无路而上吊、投水自杀，他们的死亡确实与沟池、港墓、山林等处的地主毫不相干。然而地保、吏胥一定要将此事牵连到地主，以满足他们诈索钱财的贪欲，无辜地主因而受害，因此请求官府严禁。

同时，他们看到苏州府就类似情事出了告示碑，名曰《苏州府永禁藉尸扰民碑》，里面讲到苏州的百姓对待路旁倒毙的尸体和江河里的浮尸，有的私自掩埋，有的扔进河里，任其漂流。人们知道私自处理尸体犯禁，但为何不报告官府呢？原因在于他们害怕报官之后，地保会勾结差役，以购买棺木、盛殓等各种名目，借机勒索钱财。因此，苏州府发布禁令：以后如再发现无名尸体，要及时报官处理，由官府验明尸身。安葬无名尸体，一律不许再向百姓勒索。

贺贤志问："我们京口有救生会、留养所，救生会打捞的落水溺亡者，留养所内病死的孤贫者，还是按原办法处理吗？"

"当然。"王文治说，"这两部分死者，还是按原有章程处理，由他们负责安葬，无须报官。"

贺贤志说："其他无名尸身，则只许报官验殓，由官府负责安葬，不准收取其他任何费用。"

"是的。"王文治说，"关键是需官府验殓，不准地保、差役借机勒索。至于安葬，官府验殓后，可以由官府负责，也可以指定我们救生会负责。"

"你们救生会有这实力？"

"有！"

"你们救生会？"谢振定望着王文治，疑惑道。

王文治点了点头。

"谢大人您不知道，"林大权说，"王老前辈是我们京口救生会的会长呢。"

原来，京口救生会系镇江民间水上救生组织，创办于康熙年间，历任理事人员都是京口知名士绅，经费来自社会捐助。会址在西津渡昭关，有屋三间。章程规定："遇难而死者，由会中打捞沉尸，且将尸体放在小码头街的觉修堂，耽搁几天，供家人认领。如无人指认，则由会中置棺装殓，葬于牌湾义冢之内。"此外还规定，救生人员“凡捞救活人一名，给奖赏钱一千二百文；捞救浮尸一口，奖赏暨用棺抬埋，共给钱一千一百五十文。”

“佩服，佩服！”谢振定赞叹道，“前辈不仅是大书家，而且是大善人。”

“挂个虚名而已。”王文治很是谦虚，“谈不上大善人，更不值得佩服。”

“怎能这么说呢？没有您老担纲，哪能筹集那么多钱呢？”林大权转头，对谢振定说，“每个捐了款的人，不论多少，王老前辈都送一幅字呢！”

“佩服，佩服！”谢振定说，“更加佩服了。”

林大权笑道：“有人为了多得王老前辈的字，每年捐一点，数额不大，连续捐了十多年呢。”

“我也得幅字吧。”谢振定笑道，“我捐四百二十两银子，表示心意。”

王文治呆呆地望着谢振定。

谢振定点了点头。

“四百二十两？”王文治还是不相信。

谢振定又点了点头。

“那就太感谢了。”王文治站起来，向谢振定鞠了一躬。

“哪能这样呢？”谢振定连忙站起，回鞠一躬。

贺贤志、林大权也都说谢振定大气，镇江的富商，捐四五百两银子的，屈指可数呢。

“你们这样说，我就真的不好意思了。你们一传出去，我就成了孟子说的‘声闻过情’了。”谢振定看看王文治几位，笑笑说，“怎么说呢。你们不要以为我多富有，也不要以为我多慷慨。《大学》云：货悖而入者，亦悖而出。我这钱，虽不是悖入悖出，却是不得不入，这样出来，比较合适。谢振定虽不能‘以财发身’，却也不能‘以身发财’吧。所以，此事到此为止，千万不要外传。”

王文治连忙说：“明白，明白。”

贺贤志、林大权还是说：“佩服，佩服。”

话题回到禁令上来。贺贤志又询问了一些细节，然后说：“我很感动。回府尽快办理。”

王文治很是高兴，邀请谢振定择日游览焦山，还说袁枚、曾燠会从扬州赶过来。谢振定说，天天看见焦山，很想去玩玩，但工程未完，不敢去。贺贤志说，去吧，不要紧的。谢振定说，开坝后再去吧。王文治问，哪天开坝？谢振定说，二十一日。王文治说，迟了点。谢振定说，那就完工后吧。王文治问，哪天完工？谢振定说，估计早不了几天。

郭大昌、张士元、昭梿第五天午餐时才回到丹徒县署。吃过午饭，谢振定派人叫来查淳，便开始商量。郭大昌详细介绍了沿河看到的施工情况，哪些地方好，哪些地段存在问题，一五一十，清清楚楚。张士元补充了一些情况，说这次跟郭先生学了不少知识，如测量高程的旱平、水平、均平等工具的使用。昭梿则蒙了一样，一句话也没说。

谢振定望望查淳，再望着郭大昌，轻声笑问道：“郭大人，您说说看，这个工程的经费，有几成花在工程上？”

郭大昌只是笑笑。

查淳说：“你说吧，不要紧的。”

郭大昌说：“我还不知道确切的预算呢。”

查淳说：“工料土方价银，共八万零一百五十两。”说罢，还递了一本资料给郭大昌。

郭大昌接过，翻了翻，闭着眼睛，默默神，这才睁开眼睛，说：“很高了，很高了。”

谢振定说：“到底多高？”

郭大昌说：“很高，很高。”

查淳说：“郭大人，再具体一点吧。”

郭大昌说：“我没那么神奇，真的没那么神奇。不可能说得很准，说个大概吧。五成以上、七成以下吧。”

谢振定望着查淳：“认账不？”

查淳笑道：“认账，认账。”

谢振定又问：“没有卡扣民工吧？”

“没有。”郭大昌肯定地说。

“可是，”谢振定忽然冷冷地望着查淳，声音变得生硬而低沉，“怎么会有那么多问题呢？就连西南京口闸到南关闸，这三里河道，也出了问题啊！”

查淳呆呆的，不说话。

“其他地段出了问题还可理解。京口闸到南关闸这段，在苏大人、奇大人、查大人眼皮底下呢！”谢振定加重了语气。

查淳还是呆在那里。

“查大人，你说呢？”谢振定的语气更重了。

“我，疏忽了，疏忽了，”查淳吞吞吐吐地说，“我，总想，总想这前面一段，肯定是没有问题的。”说完，低下了头。

谢振定脸冷冷的，不说话。

“这是不是灯下黑？”昭梿轻声道。

张士元瞥了昭梿一眼。

昭梿立马低下头去。

“我也不是说一定有问题。”郭大昌望着谢振定，笑道，“换在平常年份呢，可以说十有七八没有问题。但明年闰二月，节气推迟，三月之前少雨，现在这个样子，淤浅之处肯定比较多，这就十有八九有问题了。”

“河道疏浚出了问题，我是不找苏大人、奇大人，只找你查大人的。”谢振定又吐了一句。

沉默。

“查大人，”谢振定的语气不很友好，“你知道十六年前常镇道的结局吗？”

查淳不言不语。

“知道吗？”谢振定厉声道。

“知道。”查淳轻轻地回了一句。

十六年之前的常镇道，因小挑敷衍了事，次年开春，船就搁浅，严重影响漕运速度，结果被处充军，发配边疆。

“知道就好。我以为你不知道呢。”谢振定道。

“谢大人，我心里很难受。”查淳抬起头来，望着谢振定，说，“感谢您请来郭先生。郭先生发现了问题，自然有办法解决。”又转向郭大昌，说，“郭大人，请您指点指点吧。”

“谢大人、查大人，两位不要着急。”郭大昌慢条斯理地说，“现在发现，还好办。煞坝了，河里没有水，正好挑泥。如果开坝了，河里有水了，再发现淤阻，就只能乘小船用罱捞了，从水里捞出泥沙，那就费时费力，事倍功半了。现在的办法，很简单，返工。请查大人安排河工严格测量，泥沙必须挑挖到位。如果您决心大，标准就更高一点。运河口到西门三里，按大挑标准来；西门到南关闸三里，再挑深一尺五；南关闸至丹徒闸十里，再挑深一点。这样，至少可以保证城区至运河口这十多里河道不致濡滞了。”

“行吗？”谢振定望着查淳，脸色和善了。

“行！”查淳点头应道。

谢振定又问郭大昌：“这样一来，工程还可以按时完工吗？”

“难。”郭大昌说，“按目前的进度，如果保证质量，可能要推迟三五天才能完工。如果保证进度，就还是要稍微偷点工，减点料，以后再用罱捞。”

“那怎么行！”谢振定立即否定。

“有什么办法吗？”查淳着急了。

“办法肯定有。”郭大昌说，“最简单最管用的办法就是加夫加钱。那就要多花点银子了。与其偷工减料，到时又返工，不如现在多花点银子。”

“怎么个加法？”查淳又问。

郭大昌说："徒阳运河八十余里，按施工场所，再加八千到一万民夫，可以容纳。可以要丹徒、丹阳两县各加四五千人，三天内到位。再一个，从明天开始，或者后天开始，可以根据挑泥的多少与路程的长短加钱，你们定个标准，比如，每人平均完成两方，每方只加八文钱，完成三方，每方则加十文钱。一定要加到民工身上，不能中途卡扣。让民夫每天多得二三十文，劲头就大了。这样，双管齐下，按时完工甚至提前三五天完工，完全可能。"

"这办法好！"查淳爽快地答应了。

"民夫是老实的。"郭大昌又说，"以前出现的问题，主要是质量监督没有到位。明天开始，监督一定要到位。谢大人，你们巡漕使院就重点监督民夫增加是否到位、工程加价是否到位、工程质量是否到位。"

"振定明白。谢谢郭先生。"谢振定转向张士元、昭梿，说，"知道了吗，我们不是监督民夫，而是监督今天确定的措施是否到位。"

张士元、昭梿连连点头。

"郭先生，真是太感谢您了。您不来，我明年确有可能出大事呢。"查淳脸上露出了笑容，话语也轻松了。

郭大昌说："查大人言重了。"

谢振定也就笑道："查大人不会怪我谢某人讲话太重了吧？"

"哪里哪里。"查淳道，"感谢不尽呢。查某有时糊涂，还请谢大人多加敲打。"

气氛轻松起来。慢慢地，聊到练湖。谢振定说了那天下午与奇丰额、查淳、贺贤志一起查看练湖的情况，说奇大人、查大人都有恢复上湖的想法，至少要挑浚下湖。

“恢复上湖？”郭大昌头摇得拨浪鼓似的，“不可能的，想都不要想。要那么多银子，有那么多纠葛，谈何容易啊！说句轻薄话，当今皇上没有那么大的决心，地方官也没有那么大的能力。皇上到练湖三次，都写了诗，也就是感叹感叹‘但觉开田日以多’而已，从没说过要恢复上湖。皇上年轻时都没这个想法，何况年纪大了呢？即使日后新皇帝管事，有这决心，给足银子，地方官，从两江总督到丹阳县令，也没这个能力。我这话可能说得过了一点，但事实就是这样，可以印证的。如我在生之年，恢复上湖能够动工，我一定不取分文，前来参与施工。”

查淳、谢振定面面相觑，都不说话了。

“挑浚下湖呢？”良久，谢振定才轻轻地问。

“当然可以。”郭大昌笑道，“下湖周长四十里，淤塞严重，彻底挑浚一次，不下一百万两银子。一般年份，整个运河的修缮费用，也就两百万两左右。只怕朝廷难下决心。不过，可以分年挑浚。两至三年挑浚，就很不错了。”

“你的意见很实在。”查淳试探着说，“奇大人、谢大人和我决心都很大，奇大人和谢大人会分别上奏朝廷，建议大挑下湖。如能恩准，能不能请郭大人到敝道帮帮忙？”

“抱歉。”郭大昌连忙扬手，“我早下决心不再参与河库治理之事，这次仅仅是帮谢大人看看，看看而已，我明天就走了。”

九

冬天的阳光，黄黄的，淡淡的，懒懒地照下来，大地显得格外安静和温暖，河边的树，或歪着脖子，或垂着脑袋，在那里静静地晒着太阳打瞌睡，日夜奔腾的长江之水，也似乎温顺多了。

谢振定和王文治、林大权、张士元、昭梿站在西津渡大码头上，缓缓地散步，不时望望河心，望望河对岸的瓜洲。前天，十二月十五日，徒阳运河挑浚完工，可谓初战告捷，谢振定很是高兴，立马告诉王文治。王文治看了日子，选定十七日游览焦山，十六日即派人到扬州邀请袁枚、曾燠等人。谢振定觉得，能够在这样风和日丽的冬日游览焦山，既是上天的恩赐，也是自身的努力。如果不把郭大昌请来，郭大昌不出那么好的主意，工程不能提前完工，今天天气再好，谢振定也是不敢去游玩的。

辰刻过后，一艘不大不小的官船，从对岸慢慢开来，渐渐地，近了，近了，更近了，靠近大码头了。谢振定、王文治、林大权眼睛盯着那船，生怕那船被江水冲走了似的。门打开了，人下来了。走在最前面的是袁枚，佩香夫人搀扶着他，然后是香岩，最后是曾燠。

一行人，或骑马，或坐轿，朝焦山走去。

焦山是长江中四面环水的一个小岛，比黄鹤山矮，但稍大。

谢振定一行经过北固山，来到象山脚下。焦山只隔一汪水面，就在眼前：碧波环抱，林木蓊郁，绿草如茵，满山苍翠，宛然碧玉浮江。

渡口停有一船。

“上船啰，上船啰！”王文治站在船上吆喝。

谢振定等上了船，只一筒烟的工夫，便到了焦山。一僧人在岸上笑眯眯迎接。王文治笑道：“这位是定慧寺住持，诗人借庵。”

借庵微微一笑，向各位作了个揖，便在前面带路。只走几步，便是山门，朱漆彩画，一对石狮镇守大门。门柱无联，却有横批：“海不扬波”。借庵说：“这横批，为明代书家胡缵宗所书，意为焦山矗立江心，犹如镇海之石，驱逐水妖，故而海不扬波。”

谢振定笑道：“这胡巡抚有远见，只写横批，把对联留给本朝镇江的探花郎来作呢。”

王文治也就笑着回答：“我确曾自不量力，作过两次对联，都不满意。后来想清了，古人真是聪明，作不好，就空着。”

“芗泉，”曾燠笑道，“探花郎不作，你作吧。你为孔府作了对联，也为焦山作一副吧。”

谢振定笑道：“及时雨袁老前辈在此，我敢放肆吗？”

“老矣，老矣！”袁枚有点喘气不赢的感觉，“莫说，莫说及时雨了，廉颇老矣，你们年轻人写吧。”

曾燠笑道：“那就按王老前辈说的，暂且空着吧。”

进了山门，借庵带着往东走，边走边说：焦山原名樵山，带木字旁的樵。“山不在高，有仙则灵。”黄鹤山没有神仙，焦山是有神仙的。神仙就是东汉隐士焦光。东汉末年，焦光在此隐居，汉献帝曾三下诏书，请他出山，他都拒不应召。他在山上采药炼丹，治病救人。后人为了纪念他，就改樵山为焦山。

谢振定叹道：“焦山看似小家碧玉，实则有泰山、昆仑之骨力。”

“是的。”王文治说，“芗泉老弟说得好，高明。焦山没有骨力，何以砥柱中流？”

说着说着，便到了定慧寺。借庵介绍，定慧寺原名普济禅寺，始建于东汉兴平年间，距今一千六百多年。康熙南巡游览焦山时，改寺名为定慧寺。袁枚说：“你们游玩吧。我看过的，先坐坐。”佩香夫人说：“我也看过的。”借庵便先把袁枚两人送进一间禅室休息，再来导游。

一路走马观花，却在御碑亭前停了下来。御碑亭为木架方亭，上盖琉璃瓦，亭中立一石碑，正面碑文是乾隆帝第一次南巡时作的《游焦山作歌》，背面是他第三次南巡游焦山时所作《游焦山作歌叠旧作韵》。因是皇帝手书刻碑建亭，所以称“御碑亭”。

金山似谢安，丝管春风醉华屋；

焦山似羲之，偃卧东床袒其腹；

此难为弟彼难兄，元方季方各腾声；

若以本色论山水，我意在此不在彼；

…………

“万岁爷认为，”香岩望着谢振定，嫣然一笑，说，“焦山比金山更胜一筹呢。”

“是的。”谢振定点头，“这诗倒是有点意思。”

“意思在哪里呢？”香岩微笑着追问。

谢振定被问住了。他觉得这诗有点意思，便脱口而出，但未细想，一时无法准确表达，只好说：“你仔细体会吧。”

香岩说：“只可意会吗？”

谢振定说：“那倒不是。”

曾燠笑道：“真功夫，单独传授。”

谢振定只是笑笑，香岩却脸红了。

定慧寺大殿左侧，建有一亭，立《瘗鹤铭》碑。王文治一进来便是三鞠躬，令谢振定很是感动。

《瘗鹤铭》被称为第一名碑，是一位隐士为一只死去的鹤所作的纪念文字，字体浑穆高古，用笔奇峭飞逸，刻字大小悬殊，结字错落疏宕，笔画雄健飞舞，且方圆并用，无论笔画或结字，章法都富于变化，形成萧疏淡远、沉毅华美之韵致。黄庭坚认为，“大字无过《瘗鹤铭》”，推之为“大字之祖”，曹士冕则认为“焦山《瘗鹤铭》笔法之妙，为书法冠冕”。摩崖原刻有“华阳真逸撰、上皇山樵书”。因只书其号，不写真名，对于书者，历来众说纷纭，争论不休，有人说是东晋王羲之所书，有人说是南朝道教首领陶弘景所书，甚至有人说是唐朝王瓒所书。谢振定对此没有考究，王文治则坚定不移，以为王羲之所书。

看到王文治向《瘗鹤铭》碑连鞠三躬，谢振定便也鞠了三躬。他对王文治说："您的字写得那么好，我以前寻找差距，只想到天赋不如您，今天才知，对书法的虔诚也不如您。佩服，佩服！"

曾燠、张士元、昭梿、香岩便也鞠了三躬。

借庵介绍，《瘗鹤铭》镌刻焦山西麓断崖石上，大概是南北朝时期，唐宋年间因岩石崩裂，坠入江中，南宋淳熙年间，冬季枯水季节，疏浚水道时，石碑露出水面，捞起后复归原处。不久之后，再次掉入江中。直到国朝康熙五十一年，镇江知府陈鹏年不惜花巨资募船民打捞，终于在焦山下游三里处，又将这五块残石捞了出来，仅存下九十三个字。

谢振定笑道："这陈鹏年，还是我的老乡呢。"

王文治说："陈鹏年不是镇江知府，是在苏州知府任上，被总督噶礼诬陷，革职后羁寓镇江。为打捞《瘗鹤铭》，他好一点的衣服都典当出去了，幸亏苏州、镇江、江宁十多位朋友资助，才打捞出来，并建亭保护，很不容易的。三鞠躬里，包含向陈鹏年致敬。"

"真令人感动。"谢振定感慨万千，"我这家乡先贤，确实值得致敬。"说罢，又鞠了一躬。

看完《瘗鹤铭》碑，便到隔壁不远的海月楼吃饭。王文治说："中餐小酌，晚餐畅饮。"

说是小酌，总有人难以做到，比如谢振定。比他年轻的人，敬他一杯两杯，便喝了十几杯，至少中酌了。吃过饭后，小憩片刻，便开始爬山。他们在山顶江天亭、半山大士阁及焦公洞、海云堂等地停留许久。

夕阳西下，一行人回到海月楼，准备开怀畅饮。袁枚、王文治两位前辈坐了上座，曾燠、谢振定、林大权、佩香夫人、香岩、借庵依次坐下。张士元、昭梿先已离开，去了另外一桌。

酒至半酣，袁枚询问谢振定清古文的编纂情况。谢振定正要请教，便介绍自己收集文章的情况和一些编纂的想法，他说，已经收集到了一百余人的四百多篇文章，还陆续有人带来文章，甚至赞助经费。需要请教的，一是书名，想上继姚铉《唐文粹》、吕祖谦《宋文鉴》、苏天爵《元文类》、黄宗羲《明文海》，取名为“清文淳”，或“清文汇”，到底取个什么书名为好？二是排序，以出生先后排呢？还是以文章质量排？如以文章质量排，您袁老前辈自然要排第一位了。如以出生先后排，您就要靠后一点了。三是入选作者及文章收录。总的想法是少而精。想搞个百人百篇。这个想法可能死板了一点。但作者肯定要控制在百人以内，文章控制在两百篇以内。优中选优，总是担心遗漏好的文章，特别是那些未中进士甚至未中举人的人的好文章。

袁枚笑嘻嘻听谢振定说了一通，说：“书名呢，不要急，继续想，成书以前想好就行。个人赞成还是取三个字，‘清文汇’之类的。排序呢，可能只能以出生先后为序。按文章好坏，难以排准。舒位把我排了个第二，还及时雨，你把我排个第一，只怕都不准确。入选文章，少而精，我赞成。”

曾燠望着谢振定，笑道：“舒位把我排在八十二位，云里金刚。你大概把我排在哪里呢？”

谢振定笑道：“肯定前十位。”

曾燠道：“开后门了吧。”

谢振定说：“没有。不过，刚才袁老前辈说了，按出生先后排呢。”

袁枚说：“宾谷排前十是有道理的。我有一位忘年交，孙星衍，不知你排在哪？”

谢振定说：“也在前十呢。”

“好，芗泉，”袁枚忽然大声赞道，“这书你能编好。说实话，我早有此想法，也收集了两百多篇文章，都交给你了。”说罢，望了望佩香夫人。

佩香夫人起身，搬来一个竹编书箱。

袁枚站起来。

谢振定也站起来。

袁枚接过书箱，递给谢振定。

谢振定接过，感觉分量不轻。

香岩早站起来了。

张士元、昭梿已从隔壁一桌过来。

谢振定把书箱递给张士元，向袁枚深深地鞠了一躬。

袁枚拉着谢振定的手，哽咽着说：“我老了，不能完成这事了。拜托你了，一定要编好。”

谢振定大为感动，眼睛潮潮的，说：“前辈放心。振定务当竭尽全力。”说罢，又向袁枚鞠了一躬。

袁枚拿起酒杯，朗声说道：“老夫今年八十了，不胜酒力。今天，必须敬芗泉一杯。”

谢振定拿起酒杯，说："恭敬不如从命。前辈，您随意。"

"我不随意，喝完。"袁枚说罢，一仰脖子，干了。

谢振定也一仰脖子，干了。

袁枚坐下，脸色微微发红，显得非常恬静，似有一种如释重负的轻松之感。

王文治端着酒杯，站起来，说："芗泉，每次都是你敬我。今天，我要先敬你一杯。"

谢振定笑笑，碰杯，干了。

"我能不敬吗？"曾燠端着大饭碗站起来了，"我敬一大碗。"

谢振定便也倒了一饭碗，碰碗，干了。

这样你一杯，我一碗，谢振定喝醉了。不过，除袁枚、借庵外，大多喝醉了，只是程度不同而已。

海月楼，自然建在海边，可以观海赏月。月亮还没出来，酒是不能再喝了。众人便吟诗，你一句，我一句，很是热闹。借庵提议，吟了，要记下来，否则忘了。实际上，纸笔墨早准备好了。借庵拿着毛笔，一个一个请，都不接，推谢振定，谢振定也不客气，接过笔，在宣纸上写下一行字：焦山待月醉赠诗僧借庵。字写得歪歪斜斜，众皆称妙。借庵笑嘻嘻的。香岩站在谢振定身边，大有添香之意。谢振定老是用笔在砚池里涂，不知涂了多少次，才开始写，倒是一气呵成：

听僧谈便好，
况是道林支。

独占真仙岛，
今看绝妙诗。
钟寒山气合，
月上海潮知。
倚醉匆匆别，
何年醒大痴。

借庵本就笑眯眯站在那里，一看谢振定首句将他比作东晋高僧、佛学家、文学家支道林，便笑得更灿烂了，但口里还是说："不敢当！不敢当！""钟寒山气合，月上海潮知"一出，便有人说佳句、有人说妙对。"痴"尚未写完，便响起掌声，还有"写得好，写得好"的赞扬声。谢振定落了款，掷笔笑道："献丑了，献丑了！"说罢，便坐到一边喝茶去了。

借庵又拿起笔，一个一个请，王文治接了，刚写下"嘉平望后二日同谢芗泉漕使焦山待月次谢韵"，众人知是一首和韵诗，便响起了掌声。王文治喝酒不多，未带醉意，一笔一画，节奏分明，字更显清妙妍美、俊朗疏秀，在啧啧称赞中，在掌声中，王文治写完了他的诗作。

月亮升起来了。

众人便坐到走廊上赏月。

月亮刚刚沐浴出来，自然格外洁净，夜空澄明，一尘不染，江涛把月光揉碎，吸进去，又吐出来，使人恍若进入仙境。袁枚借景抒怀，以李后主、李清照、佩香夫人的诗词为例，畅谈性灵说，说诗文创作应该抒写性灵，要写出诗人的个性，表现其个人生活遭际中的真情实感。大家听得津津有味。

渐渐地，月上中天，人也乏了，便去睡觉。送袁枚、王文治入睡后，谢振定却还兴致未尽，提议溯月游金山，林大权最先响应，曾燠说还是睡觉为好，谢振定、林大权坚持要去，借庵便说作陪，金山那边他才熟悉。香岩却说，她也去。谢振定说，再带点酒菜。

四人便上了船。

月挂西天，江水溶溶。橹声欸乃，偶有雁鸣相应。江上乘舟赏月，感觉自又不同。在月光的抚摸下，香岩更为妩媚动人。借庵摆上酒菜，谢振定早喝醉了，便不管别人喝不喝，自己大喝一口，扣一下船舷，吟一句诗，自得其乐，癫子一样。“尘世间，无此乐也，尘世间……无此乐也！”谢振定反复感叹。香岩笑道：“这是哪里？”谢振定道：“仙境也，仙……境也！”

船到金山。四人上岸，来到水月山房。借庵敲门，无人答应，便又沿廊至玉带桥，席桥而坐。呆坐一阵，忽然听到桥下砰轰一声，谢振定猛然一惊，俯视桥下，却一无所见。借庵笑道：“此老鼋也。”

这么一惊，谢振定酒已醒了几分，便又说起诗来，口齿也伶俐多了。借庵偶尔附和几句。香岩便问谢振定，《焦山待月醉赠诗僧借庵》一诗有何妙处。谢振定竟一脸茫然。香岩一字一句背了一遍。谢振定急忙问：“这是我写的吗？”香岩说：“当然是您写的。”谢振定又问借庵：“是我写的吗？”借庵点头：“是的。”“撕了，撕了。”谢振定连连说，“明天再写一首好的。”借庵笑道：“这么好的诗，求之不得，我怎么会撕呢？”谢振定还是说：“撕了，撕了。”香岩说：“借庵担心您写不出更好的呢！”

水月山房门开了。

四人进屋睡觉。

谢振定睡得很是香甜。

在欢快的鸟鸣声中，谢振定醒了。侧过身，却见香岩水汪汪的大眼睛正望着自己呢。“违规了。”谢振定轻声说。香岩扑哧一笑：“您真可爱。”

谢振定再次醒来时，听到的是悠扬的琴声。起床，走到门外，听琴声自竹林中传来，却不见弹琴之人。谢振定便不去管他，微闭着眼睛，低首漫步，且走且吟道：

江山有清气，
泻入七条弦。

吟了两遍，却听见一个玲珑般的女声高叫道：“好诗，好诗！”

竟是香岩。

真是喜出望外。

谢振定循声走入竹林，却见香岩款款坐在那里。香岩嫣然一笑，说：“先生的诗，作得真好。学生今天算是见识了。”

谢振定笑道：“还未作完呢。”

香岩道：“有这两句就足够了。”

谢振定道：“作完再说。”说罢，便又低首吟道：

落指遂超绝，

游心何窅然。

香岩赞叹：“妙，妙！”

谢振定看到香岩身后，几树梅花开得正欢，便又吟道：

梅香风澹沱，

梅香风澹沱……

卡壳了，怎么也吟不出了。

香岩道：“莫急。”

谢振定笑道：“等会写完，送给你，标题就叫《金山晓起听香岩弹琴梅竹之间》。”

“那太好了。谢谢先生！”香岩向谢振定鞠了一躬。

在回焦山的船上，谢振定吟完《金山晓起听香岩弹琴梅竹之间》，借庵、林大权、香岩都说精彩，香岩早已背熟。林大权说，这首诗，不是写在纸上，而是记在心里，别人偷都偷不到。借庵只是浅浅一笑。香岩却说，肯定！然后大胆望着谢振定，痴痴地笑。

焦山会合，吃过午饭，各自打道回府。

谢振定一直处在高度兴奋之中，回到住处，一气呵成，写成近千字《游焦山记》，忽然手痒，画了《月夜泛金焦图》，还未尽兴，又画了《玉带桥观月图》。他跟“扬州八怪”之一的罗聘学过画，只是仅得其皮毛，未得其精髓，平时很少作画。在他为数不多的画作中，这两幅感觉是最好的。画画也是需要激情的，他想。

次日，王文治路过丹徒县署，顺便进来看看谢振定。张士元、昭梿过来打招呼。谢振定拿出两幅画来，请王文治指教。王文治眼睛一亮，赞叹道，还真有点罗两峰的意趣呢。谢振定拿出笔来，请王文治题词。王文治接过笔，盯着《月夜泛金焦图》，略加思索，写下“焦山借庵不借庵，月夜放棹向金山。梦楼清赏”。妙，妙，众皆抚掌称妙。谢振定道：“题词比画作精彩。”昭梿拿开《月夜泛金焦图》，放上《玉带桥观月图》，王文治显然早已想好，提笔写道：“千秋此月此江天，独被先生揽胜缘。梦楼清赏。”又是一阵掌声。

十

江神庙建在瓜洲城南、江口码头东侧，坐北朝南，进深近二十丈，面宽十余丈，上下两进，系雍正九年所建。乾隆帝六次南巡，次次都是祭江神后才渡江的，其中三次是遣官致祭，三次是御驾亲祭。

上进主殿，供奉的江神，身着帝王蟒袍，头戴发冠，腰系龙纹九环带，脚穿六合靴，面满如月，两耳垂肩。

漕运总督富纲、两江总督苏凌阿、江苏巡抚奇丰额、常镇道查淳、扬州知府曾燠、巡漕御史谢振定及水师彭副将、瓜洲营守备、江防同知、江都县令、瓜洲巡检等军政官员，都早早地到了江神庙，或在庙外转悠，或在庙内观赏，阳大桂及张巡检等则在那里忙上忙下。各街坊龙灯会舞龙的、舞狮子的，各占一块地盘，无不施出看家本领，赢得阵阵掌声、叫好声。

即将举行的祭拜江神，由富纲负责，江防同知、瓜洲巡检具体办事，谢振定无事可做，又不愿和苏凌阿等套近乎，便在庙外散步，享受这冬日暖阳。有些事情也真是怪。十二月二十一日京口开坝，是两个多月之前定下的，并且报告了皇上。当时定日子，就是选黄道吉日，且是晴天。谢振定十七日晚上放舟，还是月色溶溶，十八日下午，天便阴了。十九日上午，富纲赶到京口，苏凌阿则一直守在京口，奇丰额亦从丹阳练湖开坝补水回到京口，几位大员在一起议论天气，富纲满有把握地说，放心，风水先生看了日子的，一定是大晴天。谢振定笑笑，心想，风水先生的话只怕靠不住。没想到，昨天还是阴天，今天却放晴了。

巳时正，祭奠江神仪式正式开始。曾燠主持，依次请富纲、苏凌阿、奇丰额、谢振定等官员就位。

黑压压地站了一屋。

一鞠躬，再鞠躬，三鞠躬。

富纲上前，行三跪九叩大礼，然后读了简短祭文。

礼成。鞭炮大作。鼓乐齐鸣。

富纲走在前面，苏凌阿、奇丰额、查淳、曾燠、谢振定及水师彭副将、瓜洲营守备、江都知县等军政官员，鱼贯而出，从南门登上城墙，走到大观楼上。

大观楼三楼的观景平台上，立着一根五丈多高的木质旗杆。

官员们在旗杆前站成一排。

富纲大声宣布："升旗——"

两名兵士便一把一把奋力拉动升降套索。

长方形红边白底的彩旗便冉冉升起。

彩旗迎风招展，旗上"天庾正供"四个大字清晰可见。

旗帜很快升到顶端。

富纲再次大声宣布："鸣炮——"

嘭——

嘭——

嘭——

三声震耳欲聋的巨响。

仪式完毕，官员们的脸上露出轻松的笑容，大都说说笑笑进楼喝茶去了，谢振定等几人还站在外面，看远近的风景。晴空万里，一碧如洗。一行行白鹭在江上掠上掠下。金山、焦山、北固山，仿佛就在眼前，京口运河，帆影点点，清晰可见。谢振定知道，京口闸那里，也有一个简单的开坝仪式，只是规格没有瓜洲这么高，就是镇江知府、同知、丹徒知县及镇江卫守备、千总等军政人员参加。镇江知府看见瓜洲大观楼升旗、鸣炮后，宣布开坝，一时鼓乐齐鸣，爆竹喧天，闸官开启闸门，在坝内等候的漕船，便扬帆升旗，浩浩荡荡，鱼贯而出。开坝这天，过江的漕船，是镇江卫前后两帮，共一百七十五艘漕船。等会，头船已进瓜口，尾船却还在京口，首尾衔接的漕船，就像一条巨龙横锁大江。

看得非常清楚，巨龙之头已缓缓进入长江。

谢振定把目光拉近，在金、焦二山上来回扫视。因几天前的游览及月夜放舟，谢振定感觉金、焦二山格外亲切。大前天，谢振定邀请袁枚、王文治等参加瓜洲的祭江及大观楼升旗仪式，佩香夫人、香岩很是乐意，袁、王却说，纯公务活动，不参加了。谢振定想想也是，乾隆帝下江南，见王文治所书《钱塘僧寺碑》，大加赞赏，下旨召见，王文治都借故推脱了，何况这样的活动呢?

谢振定见自己走神了，便走进楼内，与富纲、苏凌阿等打过招呼，便回巡漕使院衙门起草京口开坝、镇江帮漕船渡江北上的奏稿。他特别写明“两江总督臣苏凌阿亲督道府州县，克期挑浚徒阳运河”，“抚臣奇丰额亦抵丹阳，于十二月十八日开坝补水”，“漕臣富纲亲到京口、瓜洲督催”。

午宴设在富纲、苏凌阿等下榻的锦春园。锦春园为一依山傍水、构建精巧、环境优雅的园林，乾隆帝六下江南，次次驻跸于此，次次留下墨宝，“锦春”之名即其初次临幸所赐。南来北往的仕宦显贵和骚人墨客无不为之流连忘返。

开宴之前，谢振定请富纲看看奏折初稿，说待下午漕船过江盘验后就拜发，提出是否两人合奏。富纲看后，说：“我反正要奏明数量、米质，过几天盘验后再上奏吧。这次就不合奏了。你把我、苏大人、奇大人都带了一句，很好了。”

富纲说得在理。谢振定点了点头。

“你现在就可拜发。”富纲又说。

“还是盘验后再拜发吧。”谢振定说，“也慢不了两个时辰。”

快过年了。如在京师，在省道府县，早封印了。但在漕运衙门，还是日日照常办公。不过，自镇江帮过江后，每天过往的漕船并不多，有时一艘都没有。因要准备过年，文友们也没组织什么活动，谢振定过得很是轻松。

参与巡漕以来，昭梿一直处于兴奋之中，也在不断地思考与调整。他原想跟谢振定学写诗词，什么平平仄仄，谢振定也教了不少，他还向张士元请教过，但就是作不出诗来。看到王文治、谢振定他们出口成章，昭梿终于明白，自己没这方面的天赋。但他又喜欢写写画画，一天晚上，他躺在床上，辗转反侧，后来，脑中灵光一闪，瞬间醒悟：何必强学作诗？也许，写些《阅微草堂笔记》《子不语》之类的文字，更合性情，也更有价值。想到这里，昭梿万分兴奋，更睡不着了，觉得这个事可以记下来，那个事也可记下来，一连想了十几个，直到天快亮了，才朦朦胧胧睡去。

次日，昭梿便写了十多条。看看，还挺有意思。他想，先不声张，待巡漕完毕，回到京师，再拿出来。到时，谢振定见写了那么一两百条，一定会大吃一惊，对他刮目相看。

昭梿想是那么想，可做不到，好不容易拖到第二日，还是和谢振定讲了，给谢振定看了。谢振定听了，只是淡淡地说，可以。看了他写的那么十多条，便连连夸赞，说不错不错。昭梿请他指教指教，谢振定才指着写他的那一条，说："文章切忌空洞，如能具体一点，更好。"

写谢振定的那一条是：

谢芗泉侍御，其人大节不苟，然性疏阔，其居处几榻，尘积数寸，不知拂拭。院中花草纷披，殊有濂溪不除阶草之意。财物奢荡，一任仆人侵盗，毫不介意。尝曰："人生贵适意耳，常物，何足惜也？"与余最善，尝屡戒余之浮妄躁进，余慹服之。尝曰："君子之交，可疏而厚，不可倾盖之间，顿称莫逆，其交必不久也。"

昭梿又提出自己对《易经》很感兴趣，请谢振定指导他学习《易经》。谢振定觉得奇怪，问昭梿："你怎么忽然对《易经》感兴趣了呢？"昭梿说："我跟郭大昌走了几天，问他怎么知道和珅和大人那么有出息，他却说自己《易经》没学好。他这话，我想了很久，就对《易经》产生了兴趣，心想自己一定要学好。我看您作文、讲话，提及《易经》，运用自如，所以请您指教。"谢振定笑了，说："《易经》可以用来占卜，但与看相、算八字无关。郭先生说他《易经》没学好，可能是说他没有融会贯通吧。你想学《易经》可以，但不要老想着占卦。你不是学过《易经》吗？"

昭梿想了想，说："看过而已。脑子里一团乱麻。"

"六十四卦记得吗？"

"记不全。"

"学《易经》要下苦功才行的。你有决心吗？"

"有。"

"《杂卦传》背得吗？"

"背不得。"

"《杂卦传》是对六十四卦最简略的概括，一定要背的。"

谢振定背了一遍《杂卦传》，做了简要解释，然后说："拿出纸笔来。我背一句，你写一句。"

昭梿找来纸笔，谢振定背一句，昭梿写一句，很快就完成了。

谢振定说："《杂卦传》很短，你反复读、反复写，不需一天就可以背熟。明天我再考你，过关了，再背《序卦传》。《杂卦传》《序卦传》滚瓜烂熟了，脑子里就不是一团乱麻了。这样坚持两个月，把《十翼》背熟，你就入门了。”

昭樋点头，脸上露出笑容，似乎恍然大悟。

正月初一。天还未亮，这家那家，便响起鞭炮声。吃过早餐，水师彭副将、江防同知署刘司马、巡检司署张巡检及瓜洲营守备署守备、千总、哨官等文武官员，当地儒生、耆老、僧道人等，陆陆续续来到巡漕使院衙门，向谢振定拜年，也相互拱手拜年。谢振定头顶饰有蓝宝石的官冠，身着石青色朝服，外罩獬豸纹补褂，向来客拱手打招呼。张士元、昭梿忙上忙下，招待各路客人。

巡漕使院大堂内，临时设有龙亭，龙亭内供奉龙牌，上书“皇帝万岁万万岁”。瓜洲的龙亭、龙牌，平时供奉在三汊河口的高旻寺。三大节时，才请出来拜牌。历年形成的规矩，元旦，因巡漕御史也就是钦差在此，拜牌仪式便在巡漕使院举行；万寿节、冬至节，拜牌仪式则在巡检司署举行。昨天上午，谢振定与巡检司署巡检等，组织人员，敲锣打鼓，从高旻寺把龙亭、龙牌请来巡漕使院。

龙亭前设香案，两侧设锣鼓仪仗。

大概巳时二刻，拜牌仪式开始。谢振定率瓜洲全城文武官员，身穿朝服，在龙亭前，按文东武西排列整齐，后面紧跟着儒生、耆老、僧道人等。

张士元担任司仪，高叫一声：“仪式开始，行礼。”

众人便一起向龙亭、龙牌行三跪九叩大礼。

礼毕。张士元叫道：“巡漕御史跪读祝文。”

谢振定上前三步，行一跪三叩礼，朗声念道：

皇帝陛下御宇六十年，道洽时丰，澍衍泽覃，福应骈臻。恭逢元旦，巡漕御史谢振定，与瓜洲军政、士人、僧道等，拜于龙牌前曰：

吾皇天之骄子，帝德合天。皇恩浩荡，万民景仰，勤勉为政，英明神武。爱民如子，雄才大略，励精图治，恩泽天下，千古一帝，万寿无疆。

和众安民常切切，持盈保泰益乾乾。

吾皇万岁万万岁！

众皆高呼："吾皇万岁万万岁！"

谢振定回到原位。

张士元再次高叫："行礼。"

官吏民众再行三跪九叩礼，如同皇帝亲临一样。

张士元叫道："礼成。鸣炮奏乐。"

众皆起身。一时鼓乐齐鸣，爆竹喧天。

拜牌礼毕。龙亭、龙牌被抬上彩车。谢振定等又敲锣打鼓，送至高旻寺内供奉。

送完龙亭、龙牌，彭副将、刘司马、张巡检及瓜洲营守备、千总、刘李两位哨官，还有一些儒生、耆老等人，回到巡漕使院吃饭。午餐整整四桌。谢振定酒量大，兴致高，挨桌挨人敬酒一杯，别人敬他，也是来者不拒，心想喝醉算了，却还是没有喝醉。下午，有人吟诗作对，有人打牌，有人聊天，好不热闹。晚餐还有三桌，又是喝酒，不亦乐乎。

一连几天，谢振定带张士元等到水师协镇、江防同知署、巡检司署等衙门拜年，天天喝得醉醺醺的。

正月初七，人日，人诞生的日子，自然要庆贺，要登高赋诗。应王文治之邀，谢振定与曾燠、林大权、借庵等再游焦山。虽也吟诗作赋，但没有佩香夫人、香岩参与，总觉得少了点什么味道。

初九日，彭副将组织“江楼阅武”。这是水师协为御史组织的军事操演。参加检阅的官员，在大观楼上站成一排，御史必须站在最中心的位置，两江总督、漕运总督等都只能站在边上。彭副将原计划在开坝次日举行，谢振定觉得两位总督参加不好，不参加也不好，便改了日子。初九这天，阳光灿烂，万里无云。瓜洲南城墙上，长江岸边，人山人海。站在大观楼上，谢振定看看身边的彭副将、刘司马、阳县令、张巡检等人，大喊一声：“阅武开始！”彭副将传出指令，水师船队便在江上来往穿梭，进行各种表演，只见红旗招展，炮声隆隆。这时，开来二只小倭舫。两军炮火互击。渐渐地，倭舫处于我大清船队的包围之中，最后，倭舫着火了，倭寇跳入水中，被我大清水军抓获。不久，水师营官便押着十余名倭寇，来到大观楼上献功，谢振定向营官颁发奖牌、赏金。阅武结束。

元宵节这天，谢振定起得很早，打了几路拳，身子微微发热，太阳才出来。这时，张士元也出来了。两人便走出使院，到外面转悠。看到地上打了霜，看到大观楼上的旗帜向东飘着，谢振定的心便沉了下来。今天立春。谢振定看重元宵，更看重立春。俗话说，立春打霜，必然烂秧。说明天气寒冷，十有八九会出现倒春寒。立春的风，也有预兆。旗向东飘，刮的是西风，寒冷还会持续。如果刮的是东风，那就好了，气候会很快变暖。即使刮北风，也比刮西风好。因为风分八面，是转着刮的。刮完北风就刮东北风，然后是东风、东南风。

“看来，转到东风、东南风，还要一段时间。”谢振定语气有点悲观。

张士元说：“今年闰二月，节令肯定要迟一点。”

几天后的一个下午，一位年轻人来到巡漕使院。谢振定觉得眼熟，正在回想时，这人自报家门了：“我是丹徒生员易容。”

“哦，哦——”谢振定恍然大悟，忙请易容坐下。

原来，一个多月前，谢振定就想见见易容，丹徒县令林大权派人去喊，回来说易容已经外出。谢振定便留下话，要易容务必到瓜洲一趟。

“怎么这时才来？”谢振定笑着问道。

易容说：“晚生在江宁有点小事，耽搁了，年前才回到丹徒，所以来迟了。请谢大人宽恕。”

“哦——”谢振定点头，“听说你那案子，最终你撤诉了，是吗？”

易容点头：“是的。”

“那你进京击鼓鸣冤所告之事，都是假的？”谢振定加重了语气。

“怎么会是假的呢？”易容说，“如是假的，我会花那么大的力气吗？”

“那你怎么撤诉呢？”

“查无实据，于我不利，不撤诉怎么行呢？”易容两手一摊，一副无可奈何的样子。

“你不再告了？”

“不再告了。”易容摇了摇头。

谢振定又问了一些审问的细节，问了一些事情的原委，问了易容内心的想法，看来奇丰额所说的查无实据、易容撤诉、不再上告等话都是真的。不过，谢振定心中还是有些谜团没有解开，看来一时也无法解开。沉默片刻，易容试探着说：“如果谢大人没什么要问的了，晚生是不是可以走了？”

“走吧。”谢振定扬了扬手。

易容转身走了。谢振定觉得这个易容变化很大：脸上那股不平之气没有了，平和而又略带消沉；大眼睛里那种愤懑之情消失了，滴溜溜转着，还偶尔躲闪着，好像有什么坏心思怕被人发现似的。

十一

进入二月，谢振定陡然紧张起来。一般来说，立春至春分，会刮东风，春分至立夏，会刮东南风，今年闰二月，节令稍迟一点，但也只会迟十天二十天，不可能迟一个月吧。正月十五立春，刮的是西风，二十九日雨水，刮的是西风，二月十五惊蛰，刮的还是西风，并且惊蛰的西风，比立春的西风更强劲了。

京口西津渡及京口闸内，停泊着上千漕船。

这些漕船，欲渡至瓜洲，进入运河，没有东风万万不能。

可东风在哪里呢?

只有西风。

西风冷冷的，像刀子，割着漕务官员、旗丁、水手的心。

谢振定来到了京口。

富纲、奇丰额也来到了京口。

都住在常镇道衙。

富纲、奇丰额、谢振定、查淳、贺贤志、林大权等，沿着运河走了半天，看到的是漕船，漕船，还是漕船，听到的是一片叫苦声，夹杂着叫骂声。是啊，多停留一天，就多一天吃喝费用，就多一份迟到通州受罚的风险，旗丁、水手们怎能不着急呢？个别旗丁、水手甚至认为，不刮东风，是官员们的责任，官员们得罪了上天。他们不知道，官员们比他们更着急，他们又去怪谁呢？

他们骑着马，从南关闸走到西津渡，停停，又从西津渡回到南关闸，再走到丹徒镇闸，只发现接近丹徒镇闸处有两个地方略有淤浅。谢振定令贺贤志、林大权设法用罱捞。但这淤浅也好，用罱捞也好，无关大局。

大局，大局是要刮东风。

毫无办法。

林大权提议："我们也学诸葛亮祭东风吧。"

慢慢，有人赞成。

谢振定也赞成。

最终，大家都赞成。

谁来主祭呢？

有人提议富纲。富纲毕竟是漕务最高官长。

有人提议谢振定。因为谢振定是钦差，可以代表皇上。

谢振定立马应承："那就我来吧。"

便都赞成。

就这么定了。

回府。

谢振定和林大权走在后面。

谢振定要林大权请来京口最有名望的师公，明天上午在县衙商量。林大权应承后，笑着问道："您今天怎么抢着主祭呢？"

谢振定说："祭祀，贵心诚，身净。我担心富纲祭不来东风，把事弄糟了。"

"您肯定自己一定能祭来东风？"

"十一月不是刮东风的时候，诸葛亮都祭来了。二月是刮东风的时候，我还祭不来？"

次日上午，谢振定带张士元、昭梿来到丹徒县衙，林大权和他请来的陈师公已在那里等候。林大权还带来《三国演义》，翻到第四十九回《七星坛诸葛祭风　三江口周瑜纵火》，摆在那里。谢振定说："我们不按《三国演义》的方法筑坛祭风，而按我家乡的方法筑坛祭风。家乡的祭风仪式，我参加过几次，大体记得。"然后把程序和器物、材料讲了一遍。陈师公说："这祭风的方法和我们这里的差不多。"谢振定更加高兴，安排陈师公作为总指挥，所有准备工作都听他的，张士元等只是配合。

一行人来到江边选址，选来选去，最终选定运河左岸、银山东北麓背崖面江的一块空坪，搭建祭坛，举行祭祀仪式。祭祀时间，选在三天后，即二月二十日，这天是壬申日，白天只有三个吉时，甲辰（金匮）、乙巳（天乙）、丁未（玉堂），玉堂贵人是阴贵人，谢振定便选在未时。

这天下午，袁枚和佩香夫人、香岩到了镇江，他们是去苏州、杭州游玩，顺便在镇江停留一晚，原想要王文治安排人员过江喊谢振定过来，没想到谢振定已在镇江，便邀来共进晚餐。

晚餐在黄鹤山王文治的梦楼进行。谢振定已从中餐开始斋戒，因此不饮酒，只喝茶；不茹荤，只吃素菜。袁枚、佩香夫人、香岩等觉得很没意思。袁枚说，儒家原来的斋戒没有不饮酒、不茹荤的规矩,《易·系辞》说“圣人以此斋戒”，说圣人都是以《易经》来斋戒呢。韩康伯注释此语，曰：洗心曰斋，防患曰戒。要求我们洗心、防患罢了。斋戒不饮酒、不茹荤那一套，是明朝朱升等从佛家弄过来的。谢振定点头称是。袁枚笑道：“那你就学圣人，以《易经》来斋戒吧。”谢振定说：“晚辈是以朱升提出的标准来斋戒的呢。”袁枚说：“朱升要求，大祀斋戒七日，中祀斋戒五日。你也达不到啊！”谢振定说：“时间来不及了。心诚则灵，神会原宥的。”

袁枚只得转了话题，聊诗。但缺了喝酒的主力，宴会就难以热闹起来。只有半个时辰，晚餐就结束了，谢振定要回常镇道衙。王文治对谢振定说：“我们再喝喝茶，聊聊天，你也再指导指导香岩。”

谢振定觉得这样离开确实不够礼貌，便坐下来喝茶。“先生怎么还没来？”香岩在楼上房里喊。谢振定便上楼，到了香岩房里，随意说几句，便要下来。香岩从后面一把搂住了谢振定的腰。

“先生，我好想……”

谢振定不说话。

“先生背得朱升的《斋戒文》？”

“背得。”

“您背一遍看看。”

“凡祭祀，必先斋戒而后可以感动神明，戒者禁止其外，斋者整齐其内。沐浴更衣，出宿外舍，不饮酒，不茹荤，不问疾，不吊丧，不听乐，不理刑名，此则戒也；专一其心，严畏敬慎，不思他事，苟有所思，即思所祭之神，如在其上，如在其左右，精白一诚，无须臾间，此则斋也。大祀斋戒七日……中祀斋戒五日……”

“我没听清。您再背一遍。”

谢振定又背了一遍。

香岩说：“六不里面，好像没有不近女色。”

谢振定一愣，想想，真的没有。

“有吗？”

“没有。”谢振定说，“我认为，出宿外舍包含不近女色。”

“您内心真的不想违规了？”

谢振定迟疑一下，还是说：“想。”

“那就要忠于内心啊！”

“我是忠于内心的。”谢振定说，“这段时间，我内心想的，就是如何才能刮东风，做梦都在刮东风。”

香岩说：“您真的以为能祭来东风吗？也许，您不违规，东风也不来。也许，您违规了，东风也会来，甚至不祭，也会来。”

谢振定说：“但求无愧我心吧。”

香岩搂着谢振定，脸贴在谢振定背上，久久没有言语。

谢振定身子微微动了一下。

“唉——”香岩叹了一声气。

谢振定肩膀耸动一下，香岩手松了，谢振定回头看看，走了。

三日后，午未之交，长江南岸，银山东北麓，人山人海。祭风仪式即将在这里举行。

祭坛早已搭好。坛上供奉雷公、电母、风伯、雨师四神位。神像前的供桌上，摆满了三牲祭品，还有燃着的蜡烛和线香。祭台两旁，坐着敲锣打鼓的、吹唢呐笛子的、拉二胡敲扬琴的乐师。坛前，斜搭着两根大楠竹旗杆，根枝俱在，楠竹尖上，一根挂着写有“日”的白旗，一根挂着写有“月”的黑旗，竹枝上挂满黄纸钱。

祭坛右边，搭有一小厨房，内有铁锅、锅铲、擂钵、土酒坛、土碗等餐具。祭坛左边，有三口大灶，架着三口大铁锅，灶旁堆了很多木柴。

未时一到，三声铳响，惊天动地。陈师公身着红袍法衣，头戴法帽，披发仗剑，从坛前旗杆旁，步入厨房启神。厨房里一人执锅铲铲铁锅，发出“哗哗”声，一人舂擂钵发出“轰轰”声，仿佛雷雨即将来临。陈师公一边作法，一边念念有词：“雷公电母，风伯雨师，本朝天子，嘎呀嘎声，吾神来也！”

坛前两边，各分雁行排列的十二壮汉，一边白脸，一边黑脸，头戴棕衣斗笠，身穿长衫，腰系草索，脚穿草鞋，便往前走两步，稍停，再走两步，昂首挺身，高声叫道：“吾神来也！”

陈师公从厨房出来，返回坛前，仗剑作法，口中祭辞滔滔不绝。两旁壮汉，随鼓乐拱手向外，三伸三缩，又两手交叉在头顶，合手举在胸前，再两手交叉在下身前，左右来回表演，有节奏地“呵呵”“嘿嘿”吼着。

陈师公又念一声：“吾神来也！”

壮汉即举手高吼：“吾神来也！”

四名壮汉从厨房抬来两坛黄酒，摆到两根楠竹旗杆前，陈师公作法后，二十四名壮汉分成两组，蜂拥而上，各抱一坛黄酒，各抬一根旗杆，走到河边，插入事先挖好的坑内，填土，捶紧，然后喝酒。

在一阵激越的锣鼓声后，谢振定走到台上，向雷公、电母、风伯、雨师三鞠躬，然后高声念道：

乾隆六十年，岁在乙卯，二月二十日，巡漕御史谢振定，谨以牲牢清酌祭风伯之神曰：

地有三宝，风在其中。迹遍天涯，民实赖之。惩恶扬善，功在苍生。潜维默护，福国佑民。臣奉皇命，督漕江南。京口之船，欲进瓜洲，东南之风，是其必须。连日西风，阻船千艘。再延时日，京师缺粮，民怨沸腾，何以为继。是予不德，官民何辜？降罪于予，予其敢辞。维祈吾神，风起东南，船行似矢，挽入瓜口，早至京师，解民饥困。谢振定必奏建专祠，以答神庥。锡福有自，永念崇报。

尚飨。

又一阵激越的锣鼓声后，走来二十四位涂大花脸，上身裸露，下穿黑裤，腰系红带，虎背熊腰的壮汉，站定之后，齐吼一声："天兵天将来也！"

两只呆头呆脑的狗，懵懵懂懂走了进来。四名壮汉，立即举着牛耳尖刀，跳跃出场，围着那两只狗转圈，转了三圈，手起刀落，刺进狗脖，尖刀抽出，血喷如泉，血雨冲天。一只狗尚未断气，艰难地爬起来，蹒跚几步，低吠几声，仆倒于地，挣扎而死。

两笼鸡被抬到坛前。二十名壮汉各捉一只，一手握鸡，一手握刀，“嘿嘿嘿”，连吼三声，然后每人喝一大口符水，“噗”的一声喷到鸡颈上，鸡受惊吓“咯咯”叫，壮汉刀光一闪，鸡头落地。

鞭炮声中，一条灌了酒的大公牛闯了进来，大公牛眼睛红红的，头角和尾巴上的鞭炮还在响着，醉牛受惊，在场内狂奔，人们惊吓四散，一名涂大花脸只露出眼睛的壮汉，悄然出场，先用鬼头刀斩落场中纸人头，然后提刀跟于奔牛之后，选准机会，挥刀朝牛脖子狠砍几刀，随即丢刀而逃，跳入江中。牛尚未死，继续狂奔，二十四名壮汉蜂拥而上，将牛擒住，用绳索将牛头捆绑，悬吊在一根大木桩上，牛的两只后脚刚好着地，再用木棍轮番抽打，打得醉牛血肉横飞。

祭坛左旁的三口大灶内，早已柴火熊熊，噼啪作响，三口大铁锅内，煮着狗肉、鸡肉、牛肉，热气腾腾，煮熟之后，不作分配，来者有份，争抢吃之，吃得越多越好。吃完之后，火也熄了。陈师公收坛，壮汉们放下日月二旗，祭风仪式正式结束。

富纲、奇丰额、查淳、贺贤志、林大权等都来参加了祭风仪式。富纲在谢振定读完祭文后便走了。奇丰额、查淳、贺贤志在杀牛后也走了。只有林大权陪谢振定到仪式全部结束。谢振定、林大权、张士元、昭梿也和其他人一样，抢吃了牛肉、鸡肉，很有意思。

这风也真怪。祭奠开始时，西风还在簌簌作响，祭奠完毕便戛然而止，子时一到，东南风便悄然来临。尚未睡觉的水手，最先感受到东南风的来临，用碗当鼓、筷子作鼓棍，有节奏地敲打来表达自己的喜悦。渐渐地，这种敲打蔓延开来，长江南岸西津渡一带，运河里京口闸一带，经久不息的碗筷声，在万籁俱寂的深夜里，显得格外清晰。

次日清晨，便有船开始启航，驰向瓜洲。

一船接着一船，络绎不绝。每日过江之船，一般百只左右，最多达一百七八十只。

便有人称这风为“谢公风”。

一时，“谢公风”的故事传遍江南。

多年以后，一位朋友任职江南，作《扬子饱帆图》，谢振定题诗，还称“君去且沽京口酒，居人应说谢公风”。

谢振定回到瓜洲，天上飘起雪来，只一天，鹅毛大雪便把大地封得严严实实，幸而暂未结冰，漕船照样在运河里航行。

次日，还是大雪弥漫，曾燠邀请王文治、谢振定、借庵到知府衙门散步赏雪，题襟馆喝酒吟诗，清燕堂观看戏剧。曾燠、王文治诗兴颇浓，佳句迭出。谢振定想着运河可能结冰，诗兴全无，勉强和诗一首，也是平平淡淡。晚上喝酒时，曾燠笑谢振定操心太重，放不开，这样的话，官也当不大。“芗泉，你一定要相信，天塌不下来。即使天塌下来了，还有长子顶着。”曾燠这样开导谢振定。谢振定只是笑笑。“宾谷说得对。芗泉你是要放开一点。”王文治也赞成曾燠的看法，“即使个别地段结冰了，知府、县令组织民工破冰就是了。你那么担心干什么？”谢振定笑道：“两位说的在理。我也是这么想的，但就是放不下，真没出息。”

十二

鹅毛大雪，整整下了三天。

站在大观楼上，放眼望去，满眼是一个银色的世界，只有长江和运河，像一条黑色的缎带，镶嵌在银色的大地上。

谢振定的记忆中，下雪总与结冰连在一起。一下雪，他就担心会结冰。

然而，他的担心是多余的。

每天，都有几十只甚至上百只漕船，从大观楼前的缎带上漂过。

第四天，雪停了，太阳出来了，渐渐地，屋顶上的雪开始融化了，屋檐开始往下滴水了，谢振定彻底放心了。

不过，操心重的人总有烦心事，放不开的人总是放不开。

谢振定接到富纲传来的信，眉头又锁紧了。

芗泉大人阁下：

淮关成为梗阻。盛住大人很是固执。弟无计可施。盼速来淮商处。切，切！

弟富纲顿首

闰二月初三日

有什么办法呢？只能去，并且只能马上去。

谢振定招呼张士元在巡漕使院按部就班，自己带着漕标把总王国俊、昭梿，草草吃过午饭，就出发了。他们马不停蹄，第三天日落前便赶到了淮安城。

富纲站在漕运总督部院门口，看见谢振定，笑逐颜开。谢振定下马，富纲便拉着谢振定的手，笑眯眯往里走。王把总、昭梿跟在后面。谢振定进房洗漱，富纲就在外面等待。

洗漱完毕。富纲带着谢振定、王把总、昭梿三人，进了餐厅。

“情况怎么样了？”谢振定刚一落座，便问富纲。

“明天你一看就清楚了。”富纲说，“我刚从板闸那边过来，排队的漕船有四五里长呢。”

谢振定大吃一惊：“这么长啊！”

富纲点头：“按照惯例，应该随到随放。偶尔排队二三里，也属正常的。这几天，每天都在延长。盘粮厅到板闸十五里，估计不要十天，就要全部塞满。”

“怎么这样慢？”

“苛刻吧。”

“怎样才能加快呢？”

“很简单。”富纲说，“各船的货物品种及数量，各帮各船都造了册子。我们盘粮厅进行了盘验。可他们又要重新搞一次，这就耽搁时间了。其实，他们只要拿着我们的盘验结果，挨船进行抽查就行了。抽查相符，就照我们提供的品种、数量收税。如果不符，再来全船重搞一遍。”

“以前是这么做的吗？”

“是的。”

“其实，我们是要对我们盘验的结果负责的。”富纲补充说，“我不能保证我们的盘验结果百分百准确，也可能有问题，但问题多了，是要处分的，最严重的处分是流放。我们敢胡来吗？”

“这些，您都和盛大人讲了吗？”

“讲了。不止一次。”

“他不听？”

“完全不听。他根本不把我放在眼里。”

富纲说得可怜巴巴的。谢振定相信富纲此时的真诚，觉得盛住不可理喻。毫无疑问，盛住仗着是嘉亲王的内兄，才这么傲慢。论理，即使嘉亲王登了大位，你更应该使漕粮早日抵通才对呀。你知道嘉亲王如何重视漕运吗？他说，国之大事，惟兵与漕，还说漕运是朝廷血脉呢。

看来，明天有一场硬仗要打。谢振定心中无底，但他还是安慰富纲，鼓励富纲：“盛住既然不把你放在眼里，就更不把我放在眼里。不过，我们总有办法。”

富纲笑道：“我是没有办法了。你来了，肯定有办法。”

谢振定说：“一起商量吧。办法总是有的。”

次日，吃过早餐，富纲带着谢振定等，早早地骑马朝淮关走去。出门不久，便见阳光下，运河里，白帆一片，蜿蜒如龙，蔚为壮观。谢振定大体估摸一下，白帆长龙四五里，应该不假。

淮关设在运河大堤东岸。三层的关楼巍峨壮观，楼顶上“淮安大关”四个大字，老远就能看见。关楼临河一面，是宽阔的石码头。

富纲一行在关楼前的吹鼓亭那里下了马，左折，走到一栋低矮的平房前。王把总、昭梿站在外面，谢振定随富纲进了盛住公廨。盛住坐在桌前看什么资料，斜视一眼，连忙站起，拱手笑道：“总督大人驾到，钦差大臣驾到，有失远迎，恕罪恕罪。”

富纲、谢振定忙拱手还礼：“盛大人客气了。”

“请坐，请坐！”盛住很是恭敬，根本不像富纲所说的那么傲慢。

富纲、谢振定坐下，侍从斟上茶。

盛住笑道：“两位辛苦了。特别是钦差大人，三四百里路呢。”

谢振定喝了口茶，笑笑：“瓜洲那边的事比较顺利，就到这边来看看。”

“这边就没那么顺利啰。”盛住先发制人了。

“还好。”谢振定还是笑嘻嘻的，“有点小事，正想要盛大人帮忙哩！”

“知道。可爱莫能助呢。”

“怎么呢？”

盛住站起来，打开桌子抽屉，拿出一纸文书，递给谢振定。

谢振定接过一看，见是乾隆五十九年五月十七日的一道上谕：

户、工二部议覆：淮、宿、海等关征收税课一年期满，除宿、海二关比较上三届均属有赢无绌，惟淮安关比较五十七年计短少赢余银二万一千五百四十六两零，著落该监督照数赔补等语。固属照例办理。第念上年山东、河南与江苏年岁均属丰稔，豆价相等，商贩未能多获余利，豆货船只过关稀少，以致赢余短绌，尚属实在情形。所有此次淮安关短少赢余银二万一千五百四十六两零，著盛住赔补十分之六共银一万二千九百两零。余著加恩蠲免，并免其议处。

谢振定看完，递给富纲。富纲接过，说："我看过的。"便递给盛住。

"盛大人去年赔了一万二千多两银子？"谢振定一脸疑惑。

盛住笑道："这还有假？"

谢振定说："这事确实恼火。"

盛住说："今年是再也不能赔了，赔不起啊。"

"不过。"谢振定说，"盛大人能力强，总能想个办法，既能使漕船快速过关，又能把税款收缴上来。"

"鱼和熊掌不可得兼啊！"盛住感叹道，"为了把税款收上来，只能留查严一点了。"

"严一点，我赞成。"谢振定笑道，"但不能影响漕船过关啊。"

盛住摇头："不可能没有影响。"

"盛大人，你能不能临时多雇请些人？"富纲插言了。

盛住摇头："哪来工银？况且也无人可请。"

"我派人过来吧。归你指挥。"

盛住还是摇头。

谢振定也帮着出主意。但还是滴水不进。

僵了。

谢振定知道，此事必须一次谈好。一次谈不好，两次三次更谈不好。他两眼盯着盛住，死死地盯着盛住，直盯到盛住眼光开始躲避，才开始说话。一说，就滔滔不绝往下说，不容盛住打断。他几乎把乾隆爷召见他的圣谕重复了一遍，把嘉亲王讲的话重复了一遍，好像乾隆爷、嘉亲王和他更亲，使人觉得只能按照他说的做才行，不按他说的做就太不应该了。

不过，盛住主意牢稳，一言不发。

谢振定望着富纲，眨了眨眼。

富纲会意，又说了一通。

盛住还是一言不发。

看来一时难有进展，谢振定站起来，说，“好，今天就说到这里吧。请盛大人想想办法。我明天再来看看，希望排队的漕船队伍短一点。每天短一点就行。”

“如果没有短呢？”盛住终于说话了，口气满不在乎。

“我——弹劾——你！”谢振定咬着牙齿，一字一顿地说。

“好。随你便。”盛住还是满不在乎。

走到门外，谢振定回过头，对盛住说：“你自己去，或者派个人去，我们一起到排队的最后一只船那个位置做个记号。明天我来看，船队短了，就好。船队长了，哪怕只多一只船，我就弹劾你。”

王把总和昭梿站在那里，相互使了一个鬼脸。

盛住不说话。

谢振定说：“要你加快，你做不到。要你派个人，总可以做到吧。钦差的话，总是放屁一样，可不行啊！”

“好，遵命！”盛住的话音里，略带揶揄。

盛住喊来一位程姓主事，大大咧咧招呼几句，便进房去了。谢振定也不计较。程主事又喊来一名书役。几个人一起来到排队等候的最后一只船那里。他们商定，以河边一像鸡的石头为标志，并绘了两张草图（最后一只船离石头约一丈远），程主事和昭梿都签了字，各执一张。谢振定对程主事说：“明天这个时候，午时吧，你在这里等我们。”富纲说：“你还是劝劝盛大人吧。”程主事点头：“放心。我肯定会劝。”

晚上，昭梿、王把总来到谢振定房间，慢慢聊到弹劾盛住一事。昭梿问谢振定，是只吓唬吓唬呢？还是真的弹劾？谢振定说，吓唬住了，就不需弹劾了，没吓唬住，恐怕只能弹劾。昭梿说，可不可以考虑向嘉亲王写封信，请嘉亲王劝劝盛住？谢振定说，和嘉亲王只有一面之交，写信不是很妥。昭梿说，弹劾就很妥吗？振定正要回答，富纲进来了。昭梿、王把总打声招呼，就出去了。

富纲也是为了淮关之事而来。他很悲观，认为盛住既不把漕督放在眼里，也未把监察御史放在眼里，根本不会理睬谢振定的吓唬。他认为谢振定提出的弹劾盛住，只是吓唬吓唬而已，真的上奏弹劾，朝廷也不会准奏。总之，在他眼里，淮关梗阻是一道死题。谢振定觉得富纲是真的缺乏信心，必须先把他的劲鼓起来，否则自己便是孤军作战。他反复讲明乾隆爷、嘉亲王如何重视漕运，会支持他们的工作，刚才讲到弹劾，既是吓唬，万不得已也只能动真的。“监察御史只有一道杀手锏，为什么不使用呢？此时不用，更待何时？况且，一旦真的弹劾，乾隆爷十有八九会准奏。因为他把漕运看得特重，只怕太子殿下阻碍漕运，他都不得准许呢！关键是我俩要同心合力，动真的，来硬的。”富纲听着听着，脸上渐渐露出了笑容。谢振定趁热打铁，又讲了一些乾隆爷及和大人如何看重富纲的话，说得富纲眉开眼笑。两人又商量了一些细节。富纲离开时，谢振定觉得他的背挺直了，步伐也有力了。

次日午时，富纲、谢振定、王把总、昭梿与程主事等在像鸡的石头处相会，非常遗憾：队伍长了将近半里，远远超过了那像鸡的石头。

富纲脸都青了。

程主事解释说，他反复劝了，盛大人就是不听，没办法。

谢振定却脸带微笑。

“程主事，”谢振定笑着说，“盛大人可给我出了个难题。你说，我该怎么办呢？”

“请钦差大人再宽限两日吧。”程主事顺水求情。

“好。”谢振定笑道，“那就听程主事的，宽限一日。明日午时还是在这里相会。不过，还是以这石头为标志。宽限一点，回到昨天那个位置就行。”

“好，好！”程主事鸡啄米似的点头。

回到漕督部院衙门，谢振定对富纲说：“你下午再到淮关去一趟，劝劝盛住大人吧。弄僵了不好。”富纲说：“没有用的。”谢振定说：“还是辛苦你去一趟吧。我不好去。”“那……好吧。”富纲很不乐意。

黄昏时分，富纲回来，看到谢振定，摇了摇头。

第三天午时，两班人马在原地相会。

排队等候的船队又长了，比前天长了半里多吧。

谢振定笑问程主事："还有什么可说的吗？"

程主事说："请钦差大人再宽限一日吧。"

谢振定望望富纲。

富纲头微微一扬，努了努嘴，意思是请谢振定作主。

谢振定笑道："按理呢，我们就要上奏弹劾盛大人了。不过，我想盛大人也不容易，要不，辛苦程主事，你去把盛大人喊来，我们再一起合计合计。"

程主事立马说："好的。"

富纲说："只怕盛大人不会来吧。"

谢振定说："来不来是他的事。我们仁至义尽吧。"

富纲点点头："也好。"

程主事转身走了。

谢振定、富纲便沿着河边散步。

只一会儿，程主事便气喘吁吁跑来了。

谢振定皱了皱眉头："盛大人不来？"

程主事点了点头。

富纲说："我知道他不会来的。"

呆立片刻，谢振定、富纲上马，懒懒地往回走。"盛住把我俩往火上烤啊！"谢振定感叹道。富纲不说话。谢振定接着说："弹劾吧。只能这样了。与其延误时日撤职，不如弹劾不成反被撤职。"

富纲说:“也是。”走了几步，谢振定勒马停住，说:“我想，还是当面和盛住说声吧。”富纲懒懒地应了一声:“也好。”

一行人便又打转，来到淮关衙门。盛住还是不冷不热。谢振定客套几句，便直奔主题:“盛大人，等待过关的船队更长了，按照前天的约定呢，就只能弹劾你了。”

盛住不置可否。

谢振定笑了笑，说:“奏稿呢，我已想好，马上就可写好。但我不想发，希望你能成全。”

盛住呆着，一会，才冷冷地说，“你发吧。”

“你不要逼我啊！”

“我不是逼你。”

“好，好。那我马上就发。”谢振定盯着盛住，狠狠地说，“我不相信，皇上会把你盛住看得比大清江山还重。”说完，气冲冲走了。

回院路上，一路无话。默默吃完午餐，两人才商议弹劾之事。末了，谢振定说:“我来拟稿，你审定，我俩联名上奏吧。”富纲说:“还是分别上奏吧。”谢振定一愣，脸露狐疑之色。富纲忙说:“您放心。我一定上奏弹劾。这样的事，开不得玩笑的。”

这天下午，谢振定、富纲两人分别写好奏稿，一并以六百里加急发往京师。

虽然没再约定，第四天上午，谢振定与程主事还是在那个像鸡的石头处会面了。谢振定无事，带昭梿、王把总沿河溜达，却见程主事站在那里。谢振定笑笑。程主事也笑笑。谢振定说:“弹劾盛大人的奏稿昨天发出了。”程主事“哦”了一声。谢振定又说:

“估计十天半月就有圣旨。如果圣旨到来之前，盛大人采取了措施，等候的船队缩短到三里之内，我还是上奏，减轻盛大人的处分。”

程主事说：“我一定转告。”

监察御史和漕运总督弹劾盛住一事很快传遍了淮安。那些天天骂娘的旗丁、水手，减少了骂娘次数，议论盛住到底会不会被免职。谢振定每天沿河走走看看，偶尔到盘粮厅验验漕粮，大多时间就待在漕运总督部院。随着时间的推移，他心中越来越没底，也就越来越烦躁。御史弹劾官员，实际上成功的案例少，失败的案例多。一旦失败，御史就会受到处分。八年前，一位御史举报和珅家人刘全住房、服饰逾制，本是铁板钉钉的事，但因消息走漏，刘全做了手脚，结果查无实据，御史被革职留任，后抑郁而死。盛住是嘉亲王内兄，仅因查验严刻、影响漕运就会被撤职吗？富纲开初的担心，不是完全没有道理。如果申饬盛住一顿，责令加快进度，可能就是万幸了。如果朝廷留中不发，或盛住受到申饬，还是我行我素，后果就不堪设想了。

谢振定就这么忐忑不安地等待着。

奏稿发出后的第十五天，圣旨终于来了：

巡视南漕御史谢振定奏：向例漕船抵关，随到随放，自淮关监督盛住到任，留查独严，停帮甚众等语。漕督富纲奏江浙漕船挽入瓜洲一折，内夹片亦如此称。漕船行走，俱有定限，沿途自应趱紧前进，庶可及早抵通。今重运过淮时，守候多日，以致层层停压，长达五至六里。在盛住之意，不过专为多得税课起见。但漕船正当催趱紧要之时，岂可过于留难，致稽时日？况京城百货，全赖漕艘携带前来，以资贩售。而旗丁等生计微薄，亦借以稍沾余润。若不能如期而到，不特漕船有误回空，且货物缺少，市价必致腾贵，旗丁等亦倍形拮据。既非所以便民恤丁，而关口过严，商贩亦必闻风裹足转致征收短少。盛住过于严刻，实难辞咎，著即解任来京，交部严加议处。

至于富纲，如果查明盛住在监督任内实有留难苛刻等情事，自应据实参奏，乃并未指名劾参，仅亲书夹片含糊声叙，殊属非是。富纲亦著传旨申饬。

盛住免职了！

弹劾成功了！

英明，乾隆爷英明啊！乾隆爷不仅免了盛住的职，还批评了富纲呢。富纲耍了点小聪明，没有正式弹劾盛住，只是附片搭了几句。乾隆爷明察秋毫，何等英明啊！

谢振定拿着圣旨，找到富纲。富纲也很高兴，看得出，其笑发自内心深处。他说：“芗泉，你真厉害。对不起，你要理解我才好。”谢振定说：“理解呢！我不怪你。我没认为你违约。”富纲说：“那就好。谢谢芗泉。”谢振定笑道：“不用谢。乾隆爷不满意你，我就没办法了。”富纲一愣，说：“乾隆爷面前，你也要帮我说好话才行呢。”谢振定也一愣，不知自己为何口出此言，只好含糊说：“好。只要有用，我就说。”

两人说了一阵，昭梿、王把总来了，便一同策马沿着运河巡查。他们来到那个像鸡的石头处。石头已在船队的中间了。看来，船队没有十里，也有七八里了。富纲指着船队，笑道："不要紧，船队很快就要缩短了。"

这时，盛住和程主事蔫头奋脑来了。谢振定立马朝盛住拱了拱手："盛大人，对不住了！"

"不怪你。只怪自己。佩服，佩服。"盛住只说，并不拱手。谢振定知道，盛住不可能不怪他，只是暂时没有办法。

"请你理解！"富纲也朝盛住拱了拱手。

盛住说："你不豪爽。我不佩服。"

话不投机。富纲勒转马头，往回走。

谢振定也勒转马头。

"御史大人，说句话。"盛住大声叫道。

谢振定回马，走到盛住身边。

盛住说："我任淮关监督，未谋分文私利，被你弹劾了。盆满钵满的，未见你弹劾。你以为我真的佩服你？"

谢振定说："我知道你恨我。也不需要你佩服。不过，你可以讲明白一点，谁盆满钵满的？"

"你不要装糊涂。我警告你。你走吧。"盛住说话的声音很大，富纲他们都能听到。

谢振定勒转马头，慢慢地往回走。

王把总望着谢振定，诡秘一笑，让谢振定走在前面。

十三

谢振定回到瓜洲，已是闰二月下旬。

涨春水了。天天下雨，不仅塘里、河里的水满满的，就连空气中，捏一把，也能捏出水来。

终于，天放晴了，太阳出来了。昨晚还唰唰唰唰，大雨滂沱呢。吃过早饭，谢振定和漕标把总王国俊、张士元策马而出，沿着运河，朝北走去。一有时间，谢振定就要这么走走，或一人，或两三人。看到漕船扬帆北上，高兴。能为漕船北上出点力，更高兴。

谢振定和张士元，边走边算账。江浙六十四帮三千二百二十二艘粮船，只有浙江台州前后两帮一百一十一、温州前后两帮一百零二、处州前后两帮一百零七，共六帮三百二十只船没有通过。另，湖北头、二、三帮共一百八十只船，湖南头、二、三帮共一百七十八只船，已从仪征口挽入，停泊在三汊河宽阔处等候。江西十三帮，已有九帮到达仪征江面，正衔尾跟进，只有九江前后两帮一百零一只船，吉安帮五十七只船，袁州帮四十三只船，尚在路上。据可靠消息，浙江六帮月底肯定可以到达，江西四帮则要到三月上中旬。拖延，是江西帮船早已形成的习惯。因为朝廷规定的漕船开行次第，就是江西帮船排在最后。即使江西某帮先过了淮关，也必须在清江浦河身宽阔处等候，待浙江帮船过清江大闸后，再可尾随北上。因此，他们即使早就准备好了，也一定要探知湖广帮船过了九江，才肯开行的。开初，应该就是尾随湖广帮船，久而久之，就要湖广帮船过九江几天甚至十几天后才肯开行了。谢振定不知道为何要把江西帮排在最后，他想，把湖广六帮排在最后，应该更好一些。

阳光灿烂，信马由缰。很快过了扬州城，看看太阳，刚交巳时，离午饭时分还久，便继续前行。过邵伯湖，将到露筋寺时，见几十只船停在那里，河边站着很多人，谢振定便知出了事。

运河里停泊的，是宁波卫前帮五十八只船。

宁波卫押运千总介绍："我姓李，他们都叫我李总。昨天晚上，大概亥时正吧，有个姓李的委员带五六人前来催漕，其时大雨倾盆，我们已抛锚休息。李委员说，月底必须过淮，一刻也不能停留。我便求情，说雨大风大，乌漆墨黑，担心出事，天亮再走吧，也慢不了几个时辰。李委员说，不行，总漕说了，江浙漕船，必须在三月初一之前过淮，一刻也不能停留。我说，我们浙江还有好几帮没过江呢，比我们要迟好几天呢。李委员说，等着受罚吧。我知道他是想敲诈点银子，便说：我已下令休息，不好再令他们启航。硬要起行，只能辛苦你去催了。心想他敲几两银子就会走的。没想到他是每条船都不放过，旗丁交了银子，就可以休息，不交就必须启航，既不交钱又不启航，就说旗丁故意逗留，恣意鞭打。"

“这位旗丁姓成，名忠。”李千总指着身旁一位三十来岁的人，说，“成忠是个老实人。他的船装米七百二十六石，又自带米六石九斗。李委员上到他的船上催趱，他不愿出银子，也不想动，挨了好几鞭子。您看，他脸上还有鞭痕呢。”说着，指了指成忠的脸。

谢振定看到，成忠的左脸上，确实有一道红红的鞭痕。

李千总继续说：“成忠没有办法，只好启航。行不多远，一道炸雷之后，一阵大风刮来，折倒大桅，挑开底板，这样，淹死副丁一名。米石也漂散无存。成忠，你说说吧。”

成忠望望李千总，望望谢振定，忽然扑通一声，跪在谢振定面前，哭道：“曹副丁要掩埋，七百多石漕米要赔补。昨晚死了我就好啊！现在我还是只死得。”说罢，忽然站起来，往河里奔。众人忙把他拉住。

“李委员他们呢？”谢振定问。

李千总说：“他们本来还在船上催趱，见出了事，便下了船。旗丁水手们围着他们，说是他们催趱引起的，这么大风大雨，停着不走，就不会出事。他们说：是船旧了，本身坏了，才出事的，怎么其他船没出事呢？他们说完就走了。我们也没有办法。”

“他们敲诈了你们多少银子？”

“我们统计了，一十八两五钱。”

“你怎么没去报官？”谢振定责怪李千总。

李千总说：“我们在运河上停着，总有官员来管事的。您谢大人不就来了吗？”

谢振定的脸还是阴着，他不认可李千总的说法。

“你要想开一点，”谢振定安慰那位耷拉着脑袋的成忠说，“人只要活着，就有办法。曹副丁的安葬，按规矩办。你们安清帮内也有规矩。米呢，肯定要赔补。但你也不要着急，看最终对李委员他们如何处理。我想，即使他们没有直接责任，也应该赔补一半。同时，你这一半，还可分两年赔补。”

成忠又扑通一声跪到地上，对谢振定连拜三拜，说：“谢谢钦差老爷，谢谢救命恩人。”

谢振定转过脸，望着李千总，严厉地说：“你作为一个押运千总，根本没有尽到责任。你没看《巡漕告示》吗？你知道保护旗丁利益是你的责任吗？昨天晚上，你明知李委员他们是来敲诈勒索，应该坚决阻止的，却听之任之。翻了船，死了人，出了这么大的事，还在这里等待，要你才好意思。”

李千总低下了头。

谢振定转头询问王国俊：“此事由王把总你直接处理好呢，还是由江都县衙处理为好？”王把总说，这类事一贯以来是由漕务衙门处理的，他只要把人送到淮安就行了。谢振定觉得这样不妥。

“这样吧。”谢振定停停，对李千总说，“我先去江都县署，把姓李的他们抓起来。翻了船，死了人，一走了之，不可能！你安排人员，率带其他船只，先往淮安。你带着成忠，再选两三名被敲诈了银子的旗丁，赶到县署来。”

“好，好。”李千总鸡啄米一样点头，“好。小人糊涂，小人实在糊涂。谢大人英明。我这就按大人吩咐的安排。”

谢振定和王把总、张士元上了马，策马奔回扬州，来到江都县衙，找到知县阳大桂，说了事情原委，然后责问阳大桂："朝廷规定，凡官员境内有漕船沉溺情由，不申报者，降一级调用。你知道吗？"

阳大桂说："知道。我已勘查，报告了扬州府。"

谢振定问："你这就完事了？"

阳大桂说："还要我做什么？"

谢振定说："把姓李的他们抓起来，审问清楚。"

阳大桂说："抓起来不难。只是这类事情，原来都是漕运衙门处理的。"

谢振定厉声道："我不是漕运衙门的人吗？是你听我的，还是我听你的？"

"好，好！立即执行。"阳大桂有点不好意思。

阳大桂安排快手捕人去了。谢振定这才感到肚子饿了，说："还没吃中饭呢，吃饭去。"

谢振定和王把总、张士元走出县署。夕阳早已偏西了。

次日上午，谢振定、王把总、张士元再次来到江都县衙。谢振定和阳大桂对李委员进行了审问。王把总、张士元旁听。

那位李委员跪在地上，瑟瑟发抖。

是阳大桂为主审问的。李委员名叫李刚，高邮人，念过书，无功名。催了五年漕，前两年受雇，后三年做委员。

谢振定只提了几个与漕运相关的问题。

"看过《钦定户部漕运全书》吗？"

"看了一些。"

"看过《沿途趱运》一卷吗？"

“看过。”

“知道风色不顺或水势过大时，必须停船守候，不能强行催趱吗？”

“知道。”

“知道不顾风信险急，因索诈未遂，强行催趱造成折损，会被参究吗？”

“知道。”

“看过《巡漕告示》吗？”

“看过。”

“知道委员不能设立公馆、雇请人员吗？”

“知道。”

“为什么还要雇请？”

“一个人忙不过来。”

“知道不能敲诈勒索、违规收费吗？”

“知道。”

“为什么还要敲诈勒索、违规收费？”

“我当催漕委员就是想赚钱呀，不收费我来当委员做什么？”

“谁委任你催漕，谁给你发饷呀。”

“没发。全靠自己想办法。”

“你前天晚上收了多少银子？”

“十多两。”

“具体一点。”

“十七八两。”

“再具体一点。告诉你，别想蒙混过关，越老实越好。”

“十八两五钱。”

“本届催漕一共收了多少银子？”

“四五百两。”

“具体一点。”

“四百八十两左右吧。不会超过五百两。”

谢振定望望阳大桂。阳大桂会意，马上附在谢振定耳旁轻声说：“差不多。”谢振定便继续审问。

“前晚一次就收了一十八两五，怎么一共才那么多？”

“前晚机会好。平时如白天过，就收不了几两。”

“往年一共收了多少？”

“也就五六百两吧。最多六百两。”

“雇请的人员怎么发饷？”

“每月三五两。最少发三两，收入多就发五两。发四个月。”

“那还不要发一百两。”

“还要吃住呀。”

“要多少银子？”

“也要近百两呀。”

“那你每届至少有三四百两的收入。”

“没有的。”

“怎么没有？”

“还有花费的。”

“还有什么花费？”

李刚不说话，呆着。

“还有什么花费？是不是还要送一点给谁？”

李刚还是不说话，还是那么呆着。

“李刚，告诉你。”谢振定一字一板地说，“既然抓你进来，就别想轻易出去。不可能翻了船，死了人，你什么事都没有。我只会审问你一次，没有时间再审你。你最好是态度老实一点，有什么就说什么，争取宽大处理。你的处理结果，是要我同意才行的。”说罢，起身便走。

阳大桂、王把总、张士元也跟着起身。

走到门口，李刚忽然说：“谢大人，我还有话说。”

谢振定停了下来。

李刚又不说了。

谢振定说：“是不是想单独和我说？”

李刚点了点头。

谢振定说：“其实，没必要单独说的。既然你这么想，就满足你的要求吧。”

阳大桂、王把总、张士元出去了。

谢振定还是坐到原来的位子上。

李刚说：“我这委员是花钱买来的。”

“哪里买的？”

“总漕那里。”

“直接买的？还是托人买的？”

“直接买的。”

“多少银子？”

“一百两。”

“只一百两？”

“只一百两。”

“其他委员是不是也是花钱买的，你知道吗？”

“不知道。估计大多是花钱买的。”

谢振定觉得差不多了，便说：“你的补充对自己很有好处，处理时，我会充分考虑你的难处。你这些情况，可以告诉阳县令。”

“好，好。谢谢，谢谢谢大人。”李刚一个劲地点头。

走到外面，阳大桂、王把总、张士元站在那里等。谢振定讲了李刚单独供认的情节，嘱咐阳大桂，其他人员问清情况就可放回去，对李刚则要慎之又慎，特别是对翻船及曹副丁之死，他要负多大责任，必须厘定清楚。阳大桂连连点头。

这时，李千总带着成忠等三人来了。谢振定问：“口供都录完了？”李千总笑道：“录完了，录完了。”谢振定说：“等会阳县令看看，可以了，你们就走。”李千总连连点头：“好，好！”谢振定又对成忠说：“不管怎样，你有责任，必须赔补。至于赔补多少，要根据审判的结果来定。大概不会高于五成，也不会低于三成吧。我会奏报皇上的。你跟着李千总，准备到通州买米赔补。圣旨会在你们到通州之前到达。”成忠又是扑通一声跪在地上，连拜三拜，说：“谢谢钦差大人恩典。”

吃过午饭，谢振定和王把总、张士元回瓜洲，阳大桂送到官道上。谢振定再次嘱咐阳大桂，要他快审快结，如果富纲派人干扰办案，则来瓜洲报告。

谢振定骑马走在运河边上，见有漕船联袂而过，心里很是高兴，不用说，浙江最后六帮来了。谢振定快马加鞭，回到巡漕使院衙门，却见浙江粮道恩特赫谟在坪里散步。

谢振定说晚餐请恩特赫谟喝酒，安排张士元多办几个好菜，并请彭副将、刘司马、张巡检前来作陪，便陪恩特赫谟到瓜洲街上转悠。

恩特赫谟虽是满人，却是正儿八经考中进士的，且与谢振定同年，只是没进翰林院，谢振定和他来往不多，却对他颇有好感。

两人来到大观楼上，只见江上帆影点点，漕船首尾衔接，从瓜口逶迤至京口，就像一条巨龙，横锁大江，甚是壮观。恩特赫谟说，船队要明天才能过完，他本是随最后一船过江，但想到同年在瓜洲，便早一天过来聊聊天。谢振定感到很是温暖。恩特赫谟说，见到谢振定的《巡漕告示》，便觉耳目一新，自然也就气象一新。谢振定便询问兑漕环节陋规的治理情况，也就是州县粮书的浮收勒折情况、旗丁对州县的勒索情况，恩特赫谟马上说："好些了。"

"只是好些？"谢振定颇感意外。

恩特赫谟说："当然只是好些。好些也就不错了。不可能凭一纸《巡漕告示》，就根除漕弊。"

谢振定点了点头，默默地朝前走，他当然不会认为一纸《巡漕告示》就会根除漕弊，但确实认为应该是基本治好，至少是大为好转，现在看来不是这么回事，只是好些了，甚至好些了这话还有水分，他觉得自己接触实际少了，多少有点天真。

恩特赫谟说："同年那个《巡漕告示》很全面，措施很硬，处处击中要害，但要真正做到，很不容易。你的《巡漕告示》下发以前，兑漕已经开始，我想，巡漕御史至少要早到任一个月；并且像你这样的御史，可以连续巡漕，巡完南漕巡东漕，连巡几年，就担任漕运总督。漕运总督与巡漕御史一同治理漕弊，连续几年，可以收到大的成效。"

"同年很有见解啊！"谢振定点头赞叹。

恩特赫谟笑笑，说："你巡两年漕，见解更深刻。治理漕弊，务必漕运总督与巡漕御史同下决心，才有成效。如果一个治理，一个制造，不可能有大的成效。你这次巡漕，就治理漕弊而言，最大成效就是巡漕使院不再制造漕弊。"

"深刻，深刻。"谢振定觉得后背发凉，"你这是对振定的肯定，也是对振定的讽刺。"

"肯定，肯定。"恩特赫谟说，"你这样诚诚恳恳，兢兢业业，还讽刺你，就太不厚道了。我这是在同年面前说真话罢了。"

"你肯定不会讽刺我。"谢振定笑道，"但我听着，自我感觉有讽刺的味道。"

夕阳西下。两人说笑着往回走。

吃过晚饭，谢振定送完彭副将、刘司马、张巡检，便想送恩特赫谟回公馆休息，恩特赫谟却说："时间还早，再到你公廨喝喝茶吧。"

进到公廨，谢振定和恩特赫谟坐下。张士元把灯挑亮，添了油，烧好水，泡好茶，出去了。

谢振定笑道："振定猜测，同年有重要事项，想跟振定说说，你信得过我，就说吧。”

“是的。”恩特赫谟应了一声，却没往下说。

“说吧。”谢振定语气非常亲切。

“同年，我提前一天过江，就是想和你说件事，刚才喝酒不辞杯，也是想喝了酒有勇气说这件事。”恩特赫谟说罢，将凳子移近一步。谢振定知道恩特赫谟的意思，起身开门到外面看了一下，故意吐了一口痰，再进来，说：“没事。”

“是关于富纲的事，我憋在心里很久了。”恩特赫谟轻声说，“前年二月，我押运漕船北上，起身前，风闻富纲因有赔项，要漕务各官帮助，那时还不相信。及至开行后，接到富纲总漕严札，调我提前赴淮。行至苏州，又接飞札，说因金衢等帮米色不纯，立等查询办理。我便火急火燎赶到淮安，亲见总漕。富纲没说半句客气话，劈头盖脸把我训斥一顿，说米色不好，只能参办。我人都蒙了，亲赴船上查看，米与各帮也是一样，不知因何挨斥？当即细心访探，才知道苏松、江安粮道多有馈送银两，多寡不等。今被勒索，不肯盘验。如再拖延下去，耽误时间，后果不堪设想，至少是撤职。没有办法，只好将所带盘费凑银二千八百两，交与总漕门上刘姓收缴，说是帮助赔项。次日，未见动静。晚上，我又借钱，凑足三千二百两，交与刘姓家人。第三日，富纲才盘验漕船，准予开行。”

“你这六千两银子，是从哪里开支的？”良久，谢振定才轻轻地问。

“是我自己出的。”恩特赫谟轻声说，“是我十多年京外任职的积余。你知道，浙江粮道每年养廉银五千两，心红银二百两，还是有一定节余的。至于道库官项，去冬盘查，并无亏缺，实不敢私自挪用。”

“其他粮道的情况你知道吗？”谢振定又问。

“不知道。”恩特赫谟说，“估计也送了。我和苏松粮道聊过，从他的话语中，得知他也送了，多少没问。”

谢振定点头不语。

“这事成了我的心病。”恩特赫谟说，“富纲不出事，我只是丢了银子。富纲一出事，我还会丢官啊！芗泉，你有什么办法帮帮我吗？”

谢振定一时不知说什么好。

恩特赫谟说：“我几次梦见富纲出事了，我也出事了。我想，富纲迟早会出事，我也迟早会被带出来。芗泉，我看皇上很信任你，你能不能帮我在乾隆爷面前说说？”

“我说没有用的。”谢振定说，“我想，办法只有一个，就是你向皇上据实揭参，因你是被富纲刁蹬逼勒，皇上会体谅你的。”

“事过两年，还有用吗？”恩特赫谟疑惑道。

“肯定有用。”谢振定说得非常剀切。

恩特赫谟走后，谢振定忽然觉得李刚之事不能就此休手，想想，便又向富纲修书一封，略略讲了李刚之事，请他马上对所有委员进行一次清整，该辞退的坚决辞退，确实需要的，则必须按章办事，不能再生事端。写完，又看一遍，觉得并无不妥之处，便封好。明天派专人送去，必须一天一晚送到。他想。

十四

臣前于漕艘拥阻之时，因见连日西风甚大，有碍遄行，遂斋洁致祷风神，并望空默祝，倘得风顺速漕，必筹费请建风神专祠，以答神庥。祷后连日获东南顺风，每日渡船百余及百七八十只不等，兹于闰二月二十八日，江浙两省粮船俱已扫数渡江。愚臣谨请于江口漕船经过之地，建造风神庙一座。恭恳敕赐匾额，以昭灵贶。

乾隆六十年三月初一日

谢振定将江浙重运漕船全数渡江并捐建风神庙恳请敕赐御书匾额的奏稿发送后，与张士元、昭梿过江，来到镇江城南黄鹤山，走进山腰的梦楼，与王文治等朋友告别。

常镇道查淳、镇江知府贺贤志、丹徒县令林大权、定慧寺借庵已在梦楼喝茶，见谢振定、昭梿进来，连忙站起，拱手问候。

谢振定刚刚坐下，王文治泡了茶，借庵便说："芗泉大人，那次游焦山，承蒙赠诗，倍感荣幸。借庵不才，和诗一首，贻笑大方之家了。"说罢，递给谢振定一张笺纸。

谢振定接过，只见笺纸上用规范而灵动的欧楷写着：

次芗泉漕使见赠韵赠漕使

借庵

仙侣扬帆至，
风流是我师。
室分居士笏，
山乞谢公诗。
月出林逾静，
云归鸟不知。
夜深犹贾兴，
更比道人痴。

是夕谢漕使与人复乘月放舟至金山，故云。

谢振定默读两遍，连声赞道：“好诗，精彩，精彩。风流是我师。月出林逾静，云归鸟不知。简直太妙了。”

借庵谦虚道：“请芗泉大人指教，借庵好修改。”

谢振定说：“这诗写得太好了，比谢振定那首好多了。谢振定无能指教，只能拜读。”

王文治笑道：“我就是喜欢芗泉直爽。芗泉那诗，确实不如借庵的。只是这么好的诗，怎么今天才拿出来，三个多月了呢。”

借庵说：“本来当晚便和了几句，但不满意，昨日才最后改定呢。我写诗，不像你们，总是一气呵成，我的要反复修改。”

“其实，我也是反复修改的。”谢振定边说边从衣袋里拿出几张笺纸来，“那次游览焦山，次日我便写了《游焦山记》，反复修改，昨日才改定呢。请各位指教。”

王文治接过，笑眯眯的，看完一页，便递给查淳等人。几页笺纸传来传去，最后又集中到王文治手里。“妙，妙。”王文治赞叹道，“文章很短，大概六七百字吧。”

昭梿说：“原来有一千多字，改来改去，不足六百字了呢。”

王文治接着说：“这篇文章，真是短而精，佩服，佩服。我来读一段，溯月游金山那段，你们听。”说罢，便摇头晃脑，朗声念道：

> 月色江光，曲尽其妙，橹声轧轧，与来雁声相互答。风豚拜起，时远时近。更命酒酌柁楼，扣舷叫绝，以为尘世间无此乐也。醉既剧，口喃喃不绝吟，顾旋吟旋忘，忘亦不甚惜。听丽谯鼓，或四或三无定响。遣人叩水月山房门，无应者。沿廊而左至玉带桥，趺坐风露中，酒亦遂醒，皓魄澄心，直欲前无古人矣。

王文治脑袋停止摇晃，赞叹道：“你们看了，听了，溯月游金山这一段，写得多好啊！宛然如画，如出东坡先生手。”

“如出东坡先生手？”昭梿以为听错了。

“是的。”王文治点头赞叹，“如出东坡先生手。”

昭梿一脸的惊异。

查淳等便跟着赞叹。

借庵说："芗泉大人在文章里写了我的名字，借庵要随文留名了。"

林大权笑道："出家人四大皆空，你留不留名无所谓啊。"

借庵说："出家人也追求流芳千古的。"

王文治说："我已收集了十多位诗人七十余首游焦山的唱和诗，有宾谷、芗泉、借庵、佩香夫人的，当然也有我自己的，拟结集为《焦山唱和诗》，由我来书写，再请人刻石，立于焦山。我现在想，芗泉的《游焦山记》，也应该刻石立碑。"

谢振定连忙扬手："千万千万，莫出丑了。"

查淳说："怎么出丑？如出东坡先生手的文章，会出丑吗？"

贺贤志说："这是大好事。如果少点经费，王老前辈你和我说。"

借庵说："我们定慧寺也可出一点的。"

王文治说："好的。暂时不少。少了再找你们。我也写了一首诗，送给芗泉。"说罢，掏出一张笺纸，念了一遍。

王文治在诗中称赞谢振定的诗"苍奇似杜甫"。

谢振定说声"过誉了"，接过笺纸，吟了一遍，又吟一遍，然后说："我和一首吧。"

说罢，吟出一首诗来：《和梦楼前辈赠别韵》。

"妙，妙！"王文治赞叹不已，"结尾两句'回首金焦忘不得，燕台高处企郇云'，尤其妙。"

查淳说："你们诗人，写诗真是快。"

林大权笑道："芗泉大人，'回首金焦忘不得'，哪个最忘不得呢？"

谢振定笑笑。

说完诗了，转移话题。谢振定告诉查淳等，昨天已将捐建风神庙恳请敕赐御书匾额的奏稿发出，估计二十日左右圣旨即可到达，那时，谢振定十有八九已经离开瓜洲。奏稿中虽提了查淳、贺贤志、曾燠等人，但必须请查淳负责筹建，其他人员只能配合。

查淳点头应承，说："建风神庙，乾隆爷肯定会同意。只是不知会不会敕赐御书匾额。"

谢振定说："应该会吧。"

王文治说："肯定会。他老人家喜欢题词。老人家的诗写得不怎么样，题词却挺有水平的。"

谢振定说："我收到御书匾额后，就驿传给您。"

查淳说："好。你放心。"

一件大事，三言两语说定，便又寻找话题。王文治问贺贤志，关于禁止借尸扰民一事进展如何。贺贤志说，已起草好文书，上报江苏按察使司，等批示下来后，再勒碑示禁。估计批示很快就会下来。王文治显然不很满意，但也没什么办法，便说"好，好，越快越好"。

聊着聊着，吃饭时间到了，王文治便招呼各位一起去餐厅用餐。

吃完，继续喝茶聊天，时间不早了，张士元示意谢振定，谢振定准备起身。王文治说声"慢——"，径自上楼去了。

一会，王文治双手捧来一个精致的小木盒，打开，从里面拿出一方丝绢，慢慢抖开，是一幅画。

啊——

众皆惊叹。

便都站起，目光射向一处。

是沈周的《瓜洲扬子渡》。

沈周是明代著名画家，吴门画派的创始人，与文徵明、唐寅、仇英并称“明四家”,《明史》更是称其画为“明世第一”。

《瓜洲扬子渡》是一帧小画，纵横不足二尺。绢本设色。右下，露一山角，上矗三棵松树，两大夹一小，松树下，河边，露半截船，几根桅杆，河中一船，船小帆大，对岸是山，低矮，近处清晰，远处隐约。画左，是沈周自己和俞允文、文嘉、王稺登、殷都、王世贞等人的题跋及朱白文印。王世贞称该画“清远奇丽”。谢振定则最喜王稺登的跋：“轻舟渡扬子，青山落天外。挂席乘长风，江流一衣带。”

王文治说：“前些天，我到江宁看望袁枚，进门礼是一个自己写的册页。临别时，袁枚送了这幅画给我。袁枚说，这画是沈周中年的作品，画法严谨细秀，用笔沉着劲练，以骨力胜，不像晚年作品那样笔墨粗简豪放，气势雄强。”

查淳说：“这《瓜洲扬子渡》，是沈周中年作品中的精品了，不然，王世贞也不会这么称赞。”

贺贤志说：“各有所爱吧。沈周的作品，世人公认还是晚年的更胜一筹。”

王文治说：“我知道这画珍贵，感觉这礼太重，本想不受。忽然想起芗泉快回京了，正愁没什么好的礼品相送，这《瓜洲扬子渡》不是最合适的礼品吗？便收下了。世人世事，皆有缘分呢。”

谢振定非常喜欢这画，却还是扬扬手说：“不敢当，不敢当。

您送了诗，足够了。”

“芗泉客气了。”王文治说，“怎么不敢当呢。您捐那么大一笔钱给我们京口救生会，我一直想着不知怎么感谢呢。”

谢振定说：“连起这事，我更不敢受了。”

“好，好！”王文治语气有点生硬，“与此无关吧。芗泉你不收下，要我这张老脸往哪放？京口不能放了，难道让你带到京师去？”

查淳、贺贤志、林大权、借庵等都劝谢振定收下。谢振定真的有点不好意思了，他本没想真的拒接，只讲了一句客气话，没想到引出后面那些话来，他确实认为捐款与送画相连便俗气了，王文治立马意识到此而生气了，真是……“好，好。那就从命了。”谢振定的语气，明显带有歉意。

王文治这才脸露笑意，慢慢把画放进木盒，双手把木盒递给谢振定。谢振定双手接过，鞠了一躬：“谢谢。”然后递给张士元。

一行人离开梦楼，离开黄鹤山，朝江边走去。

江浙最后几帮的漕船走了几天，湖广六帮及江西九江前后两帮、袁州帮、吉安帮的漕船还没到来，相关资料也已整理完毕，大家便凑在一起，缠着谢振定讲这讲那。谢振定心里高兴，总是有求必应。随丁、书役、马夫、厨师、门卫等，也一样坐在大堂里，笑嘻嘻地听，笑嘻嘻地提问。乾隆爷是个什么样子？讲话凶不凶？金銮殿是金子建成的吗？真的有那么多宫女吗？凡是宫里的事，他们都喜欢打听。谢振定的解说，不时引来阵阵笑声。书役、马夫、厨师等悄悄议论，见过好多御史大人，只谢大人这么和气。

这时，厨师提出一个问题，他问谢振定：“您和乾隆爷一起吃过饭吗？”

谢振定笑道：“这个问题倒是不好回答。我参加了乾隆爷的八十寿宴，但同厅不同桌。你说一起吃过饭没有？”

厨师想了想，说：“应该算吃过。”

“那就吃过。”谢振定笑道，“我真正在一桌吃过的，是和礼亲王。”

马夫便问礼亲王是多大的官。谢振定耐心解释，然后说：“和礼亲王一起吃饭，说难就难，说不难也就不难。今后，你们都可以说和礼亲王吃过饭。”

张士元眯眯笑着。

马夫、厨师、门卫等却一脸茫然。

谢振定指着昭梿说：“十多二十年之后，他就是礼亲王。”

哦——

一脸脸惊喜的神气。

停了片刻，厨师又问：“乾隆爷八十寿宴的菜，礼亲王家的菜，比我们使院的菜好吃些吧。”

哈哈哈哈，大堂里爆发出欢快的笑声。

谢振定说：“各有特色。都好吃。”

马夫和门卫便取笑厨师，说要厨师请谢振定、昭梿把他带到京城去，为乾隆爷、礼亲王煮饭菜。

笑了一阵之后，出现短暂的沉默，昭梿说：“我请教一个问题：《周易·杂卦传》里有三个‘止’字，‘艮，止也’，‘节，止也’，‘大壮则止’。三个‘止’字的含义有何同与不同？”

谢振定、张士元都愣了。

谢振定感叹："昭梿进步了。"

"真的进步了。"张士元说，"简直天壤之别。回京之后，礼亲王不知该有多高兴呢。"

谢振定说："昭梿能提出这个问题，说明他长进了。这个问题提得好，各人感受不同，看法不同，大家可以讨论。"

都不说话。

谢振定望着张士元，点名了，"翰宣，你先说说。"

"好。"张士元说，"止，停也，休也，息也。三个'止'字的相同之处，不必多说。关键是不同之处。我觉得，其不同之处，得从卦象去把握。艮为山，崇高稳重者莫若山，其气严，其性静，岿然不动。所以，'艮，止也'之'止'，为不动之'止'，含有'稳''静'之意。"

张士元说到这里，望了望谢振定。谢振定点头："说得好。继续说。"

这时，厨师起身说："我煮饭去。"马夫、门卫等也跟着起身了。谢振定笑笑，说："有事的，都去做事吧。"

人便陆续离去，最后只剩下谢振定、张士元、昭梿和两名书役。

谢振定笑道："这样更好。翰宣，你接着说。"

张士元说："节卦，上坎下兑，坎为水，兑为泽，卦象就是泽上之水之象。水少则枯，水多必溢，少了不行，多了也不行，因此要有节有度，故称节。所以，'节，止也'的'止'，不是静止，而是有行有止，行止有度，带有节制之意。"

“好，好！”谢振定微微颔首。

张士元接着说：“大壮卦，雷天大壮，雷在天上，为震雷响彻天宇之象，十分强盛。大者壮也，壮者大也。大壮卦，也就是大大卦，壮壮卦。然物极必反，盛极必衰。大壮之后，必然衰退。人生处于大壮，运势已达巅峰，必须止住躁动，知止而定。郭雍说，壮不知止，小人之壮也；君子之壮，则有止。我觉得，‘大壮则止’的‘止’，隐含急流勇退之意。”

“妙哉，妙哉！”谢振定抚掌称赞，“青出于蓝而胜于蓝，翰宣、振定之谓也。”

昭梿说：“张大人的解读，使我深受教益。”

谢振定说：“昭梿，你也说说吧。”

昭梿说：“今天，我受教益最深，慢慢消化吧。没有什么新的见解，就不说了。”

谢振定说：“说说吧。”

昭梿说：“好，我也说一点，就是联系前后卦或《杂卦传》《序卦传》前后文，可增进理解。比如，《杂卦传》说‘震起也，艮止也’，《序卦传》说‘震者，动也。物不可以终动，止之，故受之以艮。艮者，止也’。越想越有道理。”

谢振定抚掌笑道：“言简意赅。妙哉！”

十五

看着张士元把袁枚送的那个竹编书箱搬入舱内，谢振定放心了。书箱内，有袁枚收集的两百余篇古文，有王文治送的画，有借庵等送的诗。什么都可以遗失，就是这个书箱不能遗失。谢振定再三招呼张士元，返京路上，他的任务主要就是守护好这个书箱。

谢振定检查一遍，又检查一遍，仔细想想，没什么遗失的了，才带张士元、昭梿等走出舱来，走到岸上，与刘司马、彭副将、张巡检及使院的门卫、马夫等作别，或说一两句话，或只拱拱手，声音哽哽的，眼睛潮潮的。昨晚，刘司马在大观楼宴请，谢振定带张士元、昭梿及王把总参加，彭副将、张巡检及瓜洲营守备作陪。他们喝了个天昏地暗。谢振定尚未喝醉，刘司马、彭副将、张巡检却先喝醉了。这些人，不吟诗作对，大碗喝酒是他们表达感情的主要方式。谢振定想想都很感动。

谢振定等回到船上，船就启动了。谢振定站在甲板上，与送行的人挥手告别。

别了，瓜洲。

别了，刘司马、彭副将、张巡检等瓜洲的朋友们。还有，王文治、查淳、贺贤志、林大权、借庵等镇江的朋友们，还有，袁枚、佩香夫人、香岩等江宁的朋友们。别了，别了，都别了。

谢振定回到舱内，很久，很久，眼睛都是潮潮的。

谢振定永远记得，这天，是乾隆六十年三月十五日。

三月十三日，江西九江前后两帮、袁州帮、吉安帮共二百零一只船到了，从仪征口挽入瓜口。

这样，所有江苏、浙江、湖南、湖北、江西重运共八十三帮四千六百零七只漕船，全部挽入瓜口。

去年，所有南粮重运漕船全入瓜口的时间，是三月二十六日。

今年提早了十三天。

虽然闰了个二月，但三月十三就是三月十三，这个时间是无可否定的，这是一个标志性时间。

虽然北上的速度还存在变数，但比去年提前过淮安、渡黄河、到达台庄的可能性是比较大的。

谢振定高兴地奏告乾隆爷，但只说了所有漕船全入瓜口的具体时间，并未说比去年提早了十三天，并奏告自己“亲押尾帮，星夜催趱，赴淮盘验北上，俾全漕及早抵通，以期仰副圣主利运速漕之至意”。奏稿就是上船前发送的。

谢振定等所坐的是一只专用小船。江都县的书役没事了，随船到扬州就上岸告别了。王把总及两名随丁，还要随巡到台庄，但白天乘马，晚上才上船睡觉。其实，每天就那么三四十里路，谢振定很多时间，也可在岸上步行的。

小船跟在尾帮之后。船队有什么问题，可以随时随地处理。

黄昏时分，到了扬州。曾燠在知府衙门设宴，送别谢振定，阳大桂等作陪。

餐前，阳大桂顺便向谢振定禀报了催漕委员李刚一案的审理情况，称副丁死亡与李刚催漕没有直接联系，拟不予追究刑事责任，只收缴敲诈勒索所得四百八十五两银子，并赔补所漂失的漕米一半，计三百六十三石。因漕督兼巡淮、扬、庐、凤四府及徐、和、滁三州，刑部也派有理刑主事，这个案子，还是禀报富纲大人后，由刑部主事定案。

谢振定赞成阳大桂的意见，说，判决结果一定要符合《大清律例》，经得起检验。朝廷规定：风色不顺或水势过大时，必须停船守候，不能强行催趱；并规定如不顾风信险急，因索诈未遂，强行催趱造成折损，立即参究。李刚明知故犯，强行催趱，造成人员死亡，关系是否直接，应由刑部理刑主事确定。至于李刚赔补一半损失，谢振定完全赞同，就按此奏告。同时，他也在心里拟定了另外三百六十三石漕米的赔补方案，按五分计，旗丁成忠赔补三分，李千总赔补半分，剩下一分半，在宁波卫前帮的耗米、晒扬米中赔补。他有点讨厌那个李千总，很想要他赔补一分，但不符合规定，只得作罢。这个方案应该合情合理了，明后天就奏告吧。

酒足饭饱之后，曾燠、谢振定等又到题襟馆喝茶聊天，吟诗作赋。曾燠酒量大，诗兴浓，为谢振定、张士元、昭梿各赋诗一首，且没半句重复。送给张士元的诗，自然写在那个《贶诗图》册页上。

送给谢振定的诗是：

送谢芗泉漕使

梅花始发与君遇，芍药开时君不顾。

一春二十四番风，为送君来送君去。

春江水绿落花多，南浦伤心可奈何。

别有歌声忘不得，汪伦情似潭千尺。

谢振定想起去冬走进这里时，正是梅花刚开的时候，今天进来时，天已麻麻黑，他没有在意，芍药应该开得非常灿烂了吧。他反复吟诵这诗，反复吟诵着“别有歌声忘不得，汪伦情似潭千尺”，心里涌起一种别样的感情。他很快吟诗一首，回赠曾燠。

回到船上，张士元说：“后天立夏了。乾隆三十八年，乾隆爷下达谕旨：一交夏令，巡漕御史必须留心验阅各船，是否多用气筒，开舱风晾。如有不遵，即将弁丁劾究。从后天开始，我们增加一个任务，就是上船检查时，必须检查是否多用气筒，开舱风晾，以防漕米发热蒸变。”

谢振定笑道：“全靠你提醒呢。我差点忘了。”

昭梿说：“不是四月立夏小满吗？今天十五，后天才三月十七日啊！”

谢振定说：“闰了个二月呢。”

张士元说：“看《漕运全书》，记得有好几年，凤阳、兴武、江淮、镇海及江淮等帮，抵达通州后，坐粮厅查验，米色发黄，兼带微润，又多灰土。只好分贮各仓，加紧风晾。坐粮厅奏报乾隆爷，乾隆批示严查，到底是哪道环节出了问题。如是征收环节出了问题，则从漕督、粮道、兑运官、旗丁到州县官、仓书，都有责任。后来查明：兑运之米，一律干洁。开兑时，厅帮各官同验，帮官旗丁出结。漕船过淮，漕督盘验，米色纯洁。原来是过淮后，舵丁人等不加气筒，未定时风晾，致米发热蒸变。米经发热，即有灰土。后除处理旗丁外，押运通判、领运千总都撤职了。押运通判、领运千总可是正六品官哪！”

谢振定说：“我想，光是我们查验还不行。我们现在能够查验的，也就是湖广六帮、江西最后四帮，只有五百多只船。辛苦你再起草一个告示，专讲漕米风晾一事。把谕旨写在前面，把那些事例写在后面。明天写好印好告示，再走。辛苦王把总，快马加鞭，尽快送到各帮，每帮再抽查一船，一船抽查三至五舱，是否装有竹篾气筒，是否开舱风晾，通风状况如何。湖广、江西这最后面的十帮，我来负责逐船检查。”

王把总说：“好！”

谢振定说：“头进、二进帮船，应该早进了山东地界。你就一直送到山东、江南交界的台庄闸吧。这样，大概要几天？”

王把总默默神，说：“七八天吧。”

谢振定说：“好。那就辛苦你了。”

次日早餐后，谢振定、张士元很快写完告示，午饭之前，便印好了。吃过午饭，便乘船的乘船，乘马的乘马，分头出发了。

十天后，谢振定到达淮安。

刚刚安顿下来，便有圣旨到达。原来，谢振定关于恭报江浙重运漕船全数渡江、捐建风神庙恳请敕赐御书匾额一事已有结果，三月十一日，乾隆帝在奏稿末朱批：欣慰览之，深表敬谢。特发去大藏香二十枝。著谢振定虔诚叩祀分拈，以答灵贶。又注：即书发出。另有一张宣纸，上有乾隆御书“翊灵佑顺”，四个行楷大字，刚劲有力。谢振定暗自佩服，八十岁的人了，字还这么稳健，实在不容易。

还有二十枝大藏香。

张士元、昭梿等露出钦羡的眼神。

“翊灵佑顺，是，什么意思？”昭梿望着谢振定，语气迟疑。

谢振定却望望张士元，笑道：“翰宣，你说说。”

张士元说：“这翊字的意思，《说文》解释：飞貌。《康熙字典》增加两项：一是敬也，恭敬；一是辅也，辅助。翊取飞义、辅义，都通。”

“你偏向于取哪项？”谢振定问。

“我偏向于取敬项。”张士元答道，“翊灵佑顺，就是恭恭敬敬祭祷风神，保佑船只航行顺畅。”说完便望着谢振定。

谢振定说：“翰宣的分析很有道理。不过，翊的义项，我更赞成取本义，飞。翊灵，就是飞的神灵，也就是风神。翊灵佑顺，就是风神保佑航行顺畅。这样理解，简单一些。”

哦，张士元等皆点头称是。昭梿更是一副恍然大悟的样子。

晚上，富纲在部院餐堂设宴，接待谢振定一行，淮扬道及漕标副将、盘粮厅厅丞、淮关监督、淮安知府等作陪。

餐前，谢振定把乾隆御书“翊灵佑顺”递给富纲，富纲看后，又递给淮扬道，御书传了一圈，才又回到谢振定手里。谢振定说，风神庙由查淳具体负责，请富纲大人及淮扬道、淮安知府等倾力支持，尽快动工建设，务必在本年内建好。富纲及淮扬道、淮安知府等连说“好，好”。

谢振定又把二十枝大藏香送交富纲，请富纲分拈。富纲不接，请谢振定分拈。谢振定说：“那就京口、瓜洲、清江浦、天妃庙各五枝，行吗？”富纲点头。

富纲不失时机夸赞谢振定，说谢振定像诸葛亮一样，能祭来东风，说现在“谢公风”三字已传遍江南。说到这里，富纲望着谢振定，笑道：“我字写得不好，也想攀龙附凤，写‘谢公风’三字，挂在庙里。不知芗泉意下如何？”谢振定立即摇头：“万万不可。”富纲有点不好意思，停停又说：“那就请您写篇《祭风神记》，我来请王文治书写，刻在墙上。”谢振定还是摇头：“我就不写了。你们很多人都参加了，哪个写一篇，我不反对。”富纲说：“那就把《祭风神记》刻上。不然，别人只知道有个风神庙，如何祭祀风神的，一无所知。”众人都说很有道理。谢振定笑笑，算是认可。

富纲便又聊到催漕委员李刚一案，义愤填膺，说是要从严处置，准备重判，至少判刑三年，问谢振定的意见如何。谢振定知道，在李刚的处理上，富纲既想讨好自己，又想让自己担担，便说自己外行，没有具体意见，刑部理刑主事会把关，判决结果只要符合《大清律例》、经得起检验就行。谢振定又说他更关心所有催漕委员清整一事，不知情况如何。富纲忙说清整得如何好如何好。谢振定不明真假，认为反正已是老鼠尾巴上打一拳，作用不大，也就没再挖问了。

次日，王把总回到淮安，说各帮抽查的结果还好。

谢振定带张士元、昭梿等人，参与最后一进帮船漕粮的盘验。

盘验完毕，富纲在部院餐堂设宴庆贺。餐毕，富纲对谢振定说："押送尾帮，以往都是我在前面开路，巡漕御史殿后。但船过淮关，还要两天时间。我处理核销各省道粮题咨等事件，至少也要两天时间。今年是不是换一下，你来开路？"

开路肯定辛苦一些，谢振定本可推辞，但想到富纲无非是想快一点，自己也轻松一点，便点头答应："好！"富纲又说："黄河以南，需要照料的，主要是天妃三闸。辛苦你了。你在清口等我，我比你慢不了两三天。"谢振定便又点头："好。"

谢振定一行便乘船先走。船到清江浦，谢振定见船队宛如长龙，怕也有一两里路长，便找个码头下船，边走边看边问，走到清江大闸下，又见到了三四百纤夫拉船过闸的壮观场景：

过大闸喽，嘿哟嘿，
兄弟们呀，嘿哟嘿，
…………

只站了一会，清江汛千总及催漕委员过来了。谢振定问了情况，每天过船多少，最多一天能过多少，纤夫一天收入多少，是否消极怠工，是否漫天要价，等等。千总、委员回答，一切都是按照《巡漕告示》执行，各方情况都算正常，等候过闸的船队，并不是每天都有这么长，明天肯定就短了，后天也许就不用排队了，因船不是每天匀速来的。谢振定又上船问了押运千总、旗丁等，所述情况大体相同。谢振定掐指算算，这最后一批，也就是湖南、湖北六帮，江西九江前后两帮、袁州帮、吉安帮，共五百来只船，湖南三帮快过完了，等待的主要是湖北三帮，江西四帮还在过淮安大关，清江大闸确实不成梗阻，无须采取任何措施。

次日，吃过早餐，谢振定先到清江大闸一带看看，然后便带张士元、昭槤去看望郭大昌。

刚到五圣庙门口，郭大昌又像上次一样迎了出来："哈哈哈哈，老夫知道今天又有贵客到来。"

谢振定也就笑道："郭先生总是未卜先知。"

还是在原来的茶室坐下来，喝茶。

张士元把一个纸袋递给谢振定，谢振定从袋里掏出一纸，展开，是《月夜泛金焦图》，说："振定就要回京了。非常感谢郭先生的帮助，没什么好礼物，送一幅画，画得不好，做个纪念吧。"

郭大昌双手接过那画，笑道："这就是最好的礼物了。画好，题词也好，珠联璧合。只是我，不会写诗，不会作画，也没什么手艺，真的没什么礼物可送。"

谢振定笑道："您擅长看相，就给我看个相吧。"

郭大昌摇头笑道："谢大人莫开玩笑。"

谢振定说："不是开玩笑呢。真的想请您看看。"

郭大昌静气凝神看看谢振定，然后问："您相信八字吗？"

谢振定摇头："不信。"

"您命带文昌也不信？"

“不信。有人带文昌，没进过学堂门。有人不带文昌，同样中进士。”

“您会推八字吗？”

“会。”

“怎么会的？”

“家君教的。”

郭大昌自顾自地点头：“会推八字的人不信八字，是真不信。”

停了一会，郭大昌又问：“占卦，信吗？”

谢振定回答：“信一点。”

“为什么呢？”

“占卦，为我们在迷茫的时候，无论出现何种可能，都会提供一种相对有益的指引。”

“举个卦例看看。”

“如占到泰卦，自然非常好。泰者，通也。然物不可以终通，故受之以否。泰卦之后是否卦，也就是泰极否来。这就给人以警醒。如果占到否卦，既要知晓‘君子以俭德辟难，不可荣以禄’，也要相信否极泰来，不要太过悲观，这就给人以鼓励。”

“那为什么只信一点呢？”

“占卦随机。随机不一定可靠。”

“那看相呢？”

“也信一点。”

“比占卦呢？”

“信多一点。”

“为什么呢？”

“人的性格，一定会在其长相及行动中体现出来。而人的命运，却与性格密切相关。”

郭大昌微微点头。

“您看了我的长相，对我的行为也已略知一二，因此我想请您看看。”

郭大昌说：“看过了。”

谢振定说：“说说看。”

郭大昌说：“不用说了。我问您便是看相。您回答我也是看相。您自己一清二楚，还用我说吗？”

谢振定笑道：“还是指点一二吧。”

郭大昌想了想，才字斟句酌地说：“那我就啰唆几句：您有栋梁之材，难有栋梁之用。高挺正直，易遭摧折。由泰到否，易如反掌；由否到泰，难之又难。大道至简，天地至公。”

谢振定默默神，站起来，恭恭敬敬向郭大昌鞠了一躬。

十六

等待过清江大闸的船队确实缩短了。

谢振定一行乘船离开清江浦，前往清口。

船只走了两个多时辰，便远远地看见白帆片片，宛如长龙。

排队等候的队伍比清江浦还长，甚至比两个月之前的淮关还长。

谢振定的心里像压了磨盘那样沉重。

秩序还好。一船接着一船。长龙左边留有水道。

谢振定所乘的小船，从船队左旁水道，径直开到福兴闸前。

福兴闸前，和清江大闸前完全是同一场景。运河两边，一边有十多把纤、一两百人，同拉一条船。纤夫们肩膀上背着纤绳，前弓后箭，几乎匍匐在地，边拉边唱。曲调和清江浦的一模一样，歌词则略有不同：

嘿嘿嘿嘿！过闸喽。

嘿呦呵嘿呦，嘿呦呵嘿呦嘿，

嘿呦呵嘿呦，嘿呦呵嘿呦嘿。

福兴闸呀，嘿哟嘿，

难上天呀，嘿哟嘿，
兄弟们呀，嘿哟嘿，
不要怕呀，嘿哟嘿。
神保佑呀，嘿哟嘿，
齐用力呀，嘿哟嘿，
一声喊呀，嘿哟嘿，
过了闸呀，嘿哟嘿。
…………

过了福兴闸，航行不远，便到了通济闸前，再上，便是惠济闸了。

谢振定一行上了船，来到天妃庙，祭拜天妃娘娘，祈求天妃娘娘保佑过往船只和人员安好无恙。谢振定他们来时拜过，回去时也要拜。

不过，天妃娘娘再灵验，也只能保平安，不能保速度。

祭拜过后，谢振定与张士元、昭梿、王把总、闸官等在河边边走边聊。

闸官说，这淮扬运河，最难过的，不是清江大闸，而是清口，包括天妃三闸。

闸官说，漕船北上过三闸，犹如登上三级阶梯，完全靠人力拉纤，把漕船一级一级拉上去，然后进入黄河，转中运河北去。一位诗人写过一首诗，描述过天妃三闸的情景，很是形象。那诗很长，这么几句最为形象：下流如镜平，上流如立壁。一声爆火船头鸣，千夫著力牵长绳。欲上未上船直立，一船努力如升空……

闸官说，船过天妃三闸，北上难，难之又难；南下呢，也不容易，可谓险，险之又险，弄得不好，船破人亡。有人说，过天妃三闸，时间要花“三天三”，有如过了“鬼门关”。还有一个说法，就是船过天妃三闸，下水三天，上水七天，或者说从天妃庙东到西，需要整整三天。当然，并不是过闸需要这么长的时间，而是需要等候。

将近半年前，谢振定一行曾从这里漂流而下。那次，他们虽然感受到了天妃三闸的险峻，但与眼前看到的完全不能相比。可以说，如果没有看到那千夫拉纤的壮观场景和那几乎直立升空的船只，就没有感受到船过天妃三闸的艰难。

看着那船只连成的长龙，谢振定叹息一声，问闸官：“按照现在的进度，所有漕船过完天妃三闸，还要多少天？”

闸官说：“大概二十天吧。”

“与去年相比呢？”

“差不多。”

“怎样才能加快进度呢？哪怕快一天也好。”

“办法很简单。”闸官说，“就是增缆添夫。如果每艘漕船增加一二把缆索，一二十个纤夫，就有很大作用。如能增加八至十把缆索，八十至一百纤夫，就可加快将近一倍。”

“有那么多纤夫可加吗？”

“有。多着呢。只是要增加旗丁的费用。”

“增加多少呢？”

“过惠济闸最难，费用最高，包括拉纤和起驳，大船三千文。”

闸官默默神，接着说，“加一百纤夫，要加五百文。过通济闸、福兴闸减半。这样算来，每艘漕船过天妃三闸，要增加一千文。”

“旗丁要增加一笔不小的支出。”谢振定沉吟道，“乾隆爷反复叮嘱我，要体谅旗丁的痛苦。”

“每艘漕船过闸所需的力是固定的。”昭梿说，“能不能加夫不加钱，见多分多，见少分少？”

“你这话虽有道理，但行不通的。”闸官苦笑一声，摇了摇头。

张士元、王把总的看法和闸官一样。

“昭梿的话既然有道理，就可部分采纳。”谢振定说，“能不能折中一下，加一百纤夫，过惠济闸，加三百文。过通济闸、福兴闸减半。这样，纤夫所出力气一样，多得了收入，应该愿意了。”

昭梿眉开眼笑，朗声道：“肯定愿意了。”

闸官说：“只怕旗丁、纤夫都不太乐意。”

张士元说：“我认为这个办法可行。”

谢振定说：“这个办法兼顾了多方利益，应该基本可行。今年本院极力裁减陋规，旗丁减了不少支出，过天妃三闸，多花六百文，应该可以接受。过闸费用，闸官有一份，有人说是三成，有人说是四成。三成也好，四成也好，以前的我就不追究了。这次加的六百文，必须全部给纤夫，一文也不能少。”谢振定说罢，微笑着望着闸官。

“确实有一点，没那么多，也不是闸官一个人的。”闸官尴尬地笑笑，“这次加的，当然全部给纤夫。”

谢振定说：“要不要分头征求一下旗丁、纤夫的意见？”

眼睛还是望着闸官。

闸官说：“不必了。就这么定吧。”

“好。”谢振定望着张士元，说，“还是起草一个告示吧。每艘漕船必须添夫一百人以上，过通济闸、福兴闸，每船加一百五十文，过惠济闸，每船加三百文，任何人都不能克扣，必须发给纤夫。这些要求，都写清楚。告示出来，我们再挨帮挨船送达，多多解释。”

天妃庙一带生活方便，往上，到惠济闸，往下，到福兴闸，都不远，谢振定便驻在这里。告示之后，过闸快了不少，每天多过了二三十艘船，也没多少啰唆事情需要处理，谢振定每天就沿着运河上下走走，看那千夫拉纤的壮观场景，听那嘿呦嘿呦的豪迈歌谣。

三天之后，富纲赶到了通济闸，径直到天妃庙祭拜后，才来与谢振定商量。他听了情况，眉开眼笑，一个劲地夸赞谢振定，然后建议，两人分驻黄河南北，谢振定驻清口，负责南运口；他自己则驻杨庄，负责北运口。

驻到清口，也没多少事务处理，每天还是看那千夫拉纤的壮观场景，听那嘿呦嘿呦的豪迈歌谣，再看看那镇水铁牛。

四月十四日上午，所有漕船全数渡过黄河。

去年渡过黄河是四月二十日，今年提前六天。

谢振定的脸上露出了欣慰的笑容。

过了杨庄闸，进到中运河，谢振定一行上岸。富纲在杨家庄最好的饭店设宴庆贺。谢振定拟好奏稿，交给富纲。富纲说，今年提前六天，应该写上，便在奏稿上添上相应文字。谢振定抄正，富纲签名后，交人发了出去。

上了四道菜后，富纲、谢振定、王把总等开始饮酒，一直喝到日影西斜。

次日，还是谢振定开路。富纲嘱咐：河水还是浅了一点，有的河段水深不足四尺，骆马湖肯定没有什么办法可想了，唯一的希望，是加大水线河引水量。兰第锡在窑湾一带，你去和他商量商量吧。

水线河是徐州府的一条人工河，全长二十余里，西起丁楼村，东至万寨港，连通黄河与运河，既可为黄河分洪，又可为运河济运。

水线河上建有闸坝。加大一点引水量，不就是一句话吗？是不是兰第锡不好讲话？不然的话，这样的开路，简直太容易了，甚至不配称之为开路。

既然加大水线河引水量是唯一办法，谢振定决定和王把总乘马直奔窑湾，乘马两天可到，乘船却要十天左右，让张士元、昭梿他们乘船慢慢来吧。

当他赶到窑湾与兰第锡会面时，才知道加大水线河引水量确实不是一件太容易的事。去年在清江浦初次见面时，兰第锡就不冷不热，这次倒算热情，但却不同意加大引水量。

原来，运河补水，宿迁以下，以骆马湖为正支，宿迁以上，以微山湖为正支。从水线河补水，乃不得已而为之。因黄水下注，必有泥沙淤积。多引一分水，便多积一分泥沙。往年，多是骆马湖缺水，只补宿迁以下，今年微山湖水亦不够，宿迁以上，台庄以至河成三闸一带水小，也需补水。从水线河补水，已是历年来最多的了。补水不是越多越好，而以适度为宜。兰第锡说的自然有理，因气氛友好，谢振定提议，明天一起现场查看，如有河段水深低于四尺，即加大引水量。兰第锡赞同。

现场查看，窑湾往上不到十里，便低于四尺。兰第锡二话没说，便和谢振定沿水线河走到黄河边，下令适度加大水量。

问题就这么解决了，还算容易。

回到窑湾，谢振定和王把总还是一路往下迎催。算算，明天便可与张士元、昭梿会合了，谢振定很是高兴。夕阳西下，两人在运河边散步。王把总好像有什么话要说，几次欲言又止。谢振定笑笑，用眼色鼓励他。王把总还是没有开口。谢振定便说："王把总，你好像有什么话要说，直接说吧。"

王把总笑笑，说："我一直没有想清，到底该不该说。"

谢振定说："不要紧的。你说出来，我分析分析，如果不该说，就当没说呀。"

"好。这样我就放心了。"王把总说是放心了，形态也很轻松，但说话还是吞吞吐吐。他说，富纲，富大人，太贪了。漕督部院很多人都知道，八省储粮道也知道，富大人是个大贪官。他每年要运一两次银子回家。他的船上，或另外的专船上，装有大的圆木和盆花，那里面实际装的是银子。圆木锯成节，一剖两半，中间挖空，放置金银，两半合上，再用铁箍加封。盆花呢，看是花，实际上，盆底埋着金银。"您到富大人的船上看看，一定可以看到加了铁箍的圆木和盆花。"王把总这样结束了他的介绍。

"这些细节，你怎么知道呢？"谢振定反问。

王把总说："我的一个朋友，也是一位把总，他帮富大人押过运。他亲口对我说的。”

“你那位把总朋友是只对你说过，还是和其他人也说过？”

“肯定和其他人也说过。同时，押运的也不止一个人。”

谢振定点了点头。

“您到富大人船上看看，肯定可以看到圆木和盆花。”王把总又说。

谢振定笑笑，说：“谢谢你对我的信任。我还真想到富大人船上看看。不过，可能很难找到机会。我也不能公开上船检查。巡漕，还是快速为要。”

王把总点了点头，停了一会，又小心翼翼地说：“谢大人，我问一个问题，问错了，您不要有意见。”

谢振定笑道：“你放心吧。随便问。”

“乾隆爷真的那么信任您吗？”王把总还是怯怯地问。

“怎么回答你好呢？”谢振定笑笑，说，“乾隆爷肯定是信任我的，但可能不是外界传言的那么信任。我想，乾隆爷是采纳了我的正确建议而已。如取消漕运陋规，解决巡漕使院衙门饭食经费，还有盛住大人免职等。不管乾隆爷信不信任我，你都不必担心，我会对你负责。富纲倒了，你有功劳，不必担心；富纲没倒，你什么都没对我说，也不必担心。”

“和谢大人打交道，心里踏实。”王把总的脸上露出了欣慰的笑容。

次日，谢振定和张士元、昭梿等会合了。聊聊，便往回走。走到窑湾，停下来等待富纲。

富纲很快来到窑湾。

在漕督专船上，富纲、兰第锡、谢振定三人共进晚餐。富纲请客，菜并不怎么丰盛。富纲对谢振定礼貌有加。兰第锡草草喝了几杯，吃了碗饭，说声有事，先走了。富纲留谢振定继续喝，说要好好喝一顿，不醉不散。谢振定知道富纲有话要说，也就说好好好，不醉不散。

没喝几杯，富纲便拉开了话匣子。他奉承谢振定，说谢振定如何如何能干，没有谢振定，徒阳运河不可能返工，而不返工，就会搁浅，就会影响漕运速度；说没有谢振定，就根本奈何不了盛住，奈何不了盛住，漕船通过淮关，就要慢十天半月。又说谢振定清廉，谢振定巡漕，风气为之一正，他自己也少了很多烦恼。谢振定知道这些话只是前奏，只是铺垫，真正要说的话还没有开始，便不插话，只偶尔摇一下头。果然，富纲说完谢振定廉洁便说水至清则无鱼了，他说谢振定过分廉洁，不够朋友。“我补给你的养廉银，你……都不要，我有……有想法。”富纲装作喝醉了，舌头打啰，说出了自己真正想说的第一句话。

“我收了。我收了啊！”谢振定笑着回答。

“你是收了。”富纲说，“但又捐了，等于没有收。”

“收还是收了。”谢振定说，“只是如何用，用途不同罢了。”

“其实，”富纲说，“这钱是按惯例给的。管世铭、恒溥等巡漕御史，都给了的。你是完全可以自己用的。你不用，捐给救生会，我心里没底，不……不踏实。”

“富大人的话也有道理。”谢振定说，“来，谢振定敬您一杯。”

说罢，先举起杯来，富纲也就笑嘻嘻地端起杯来。两人碰杯，干了。

“我是湿了鞋的。”富纲说，“俗话说，常在河边走，不能不湿鞋。芗泉，你从翰林院到都察院，没在地方任过实职，对这俗话理解不深。过几年，你到地方当了布政使、巡抚、总督，理解就深了。”

谢振定静静地听富纲感叹。

“俗话说，一个篱笆三个桩，一个好汉三个帮。人帮人，无价之宝。”富纲说，“常人知道，官越大，越有权。但常人不知道，官越大，越需要人帮助。皇上需要人帮助，军机大臣、大学士需要人帮助，巡抚、总督当然也需要人帮助。衷心希望芗泉能够帮助我。”

谢振定点了点头。

富纲又讲了许多相互帮助提携或了难的事例。

谢振定忽然觉得，谈话的主动权不知不觉到了富纲那里，自己已是被他牵着鼻子走了，差不多到了自己要向他表忠心的地步了。

谢振定想起王把总说过的圆木、花盆，他上这船时还特地留意了，遗憾得很，没有看到。不过，顺着这圆木、花盆，谢振定找到了话头。

“富大人，”谢振定轻声然而是清晰地说，“您的鞋还湿得不多吧。”

富纲一愣。

谢振定静静地看着富纲。

“怎么说呢？”富纲一时乱了方寸，“怎么说呢？”

“富大人，”谢振定说，“您的看法我大都赞成，但也有些不同看法。确实，任何人都需要别人帮助，但不管怎么说，命运还是掌握在自己手里。至于我，您可能看重了。我不会害您，也害您不了。我来巡漕，督催漕粮按时到达山东，是我的第一职责。正风肃弊，也是为漕运服务的。在这方面，我们合作共事非常愉快，也很有成效。我为什么要害您呢？我肯定不会害您。如果您的鞋湿得不多，在皇上能够容忍的范围内，即使我想害您，也害您不到。您希望我能帮您，我肯定会帮您。但是，如果您的鞋湿透了，我想帮您也帮不了。甚至比我职务高权力大的人，也帮不了您。从这方面来说，任何人都不能出事，一旦出事，谁也帮不了谁。谁都靠不住，只能靠自己。不知我的话，是否有一点道理？”

良久，良久，富纲才说：“有道理。我心里有底了。谢谢你。来，敬你一杯。”

次日早餐后，富纲、谢振定一同督船前行。富纲笑道：“芗泉，我昨晚喝多了，说了什么全记不起了。没得罪你吧？”“没有，没有。”谢振定也就拱手笑道，“富大人，我也喝醉了。如有得罪，多多包涵。”

四月二十七日，富纲、谢振定督催江西袁州尾帮到达河清闸，济宁巡漕御史祝云栋从济宁迎催至此，山东兖州镇总兵富成由闸河提趱至此。重运帮船全数挽出黄林庄，即日进入山东台庄闸河。

富纲、谢振定、祝云栋、富成四人联名奏告，重运帮船全数趱出江苏进入山东汛境，同时奏告“上年尾帮全入山东系五月初四日”。

谢振定一行弃船上岸，与富纲、祝云栋、富成、王把总等一一告别，然后走进台庄驿站，准备由陆路回京。

十七

臣奉命巡视南漕，所有各省重运帮船，均经全数趱过台庄，跟接北上。臣谨照例驰复恩命。为此，缮折恭奏，伏祈皇上圣鉴。谨奏。

乾隆六十年五月十九日

谢振定回到京师，到通政使司投了复命折，到都察院报了到，便在家中休息。五月初六日，乾隆爷已在重运帮船全数进入山东的奏折上作了“欣悦览之”的朱批，且于当日起驾前往热河。乾隆帝虽已知情，也表明了态度，但按惯例，还会召见一次，亲口问问情况。谢振定想，地点肯定是在热河了。

回京后的一段时间，几乎天天有人请客，礼亲王请了，管世铭请了，王钟健请了，得来社很多诗友请了，其实，有些请客大可不必，谢振定也不太乐意参加，但没办法。谢振定每天喝得醉醺醺的，君美、蔺然劝他少喝，天天念叨，不起任何作用。

谢振定遇到了难题。

礼亲王请客之后，管世铭请。没想到管世铭醉翁之意不在酒，他请客，竟是为富纲求情，不要弹劾富纲。

管世铭与谢振定关系非同一般。

但管世铭与富纲关系更好。管世铭坦言，富纲每年都意思意思了的，不是冰敬就是炭敬。富纲已派人送信给管世铭，说谢振定有可能弹劾他，就连他借机多给的四百余两养廉银，也捐给了京口救生会，要管世铭务必阻止谢振定上折弹劾。管世铭说了很多理由，劝说谢振定不要弹劾富纲，还说富纲定会重谢。

谢振定问："富纲送给您的意思，还没到贿的地步吧。"

"没有。"管世铭立马说，"肯定还是敬的范围。"

谢振定看看管世铭，知道他没说假话，便说："我和富纲有过一次长谈。您的意思我知道了。您莫急，看看再说。"

几天后，王钟健在铁门酒楼请客。餐前，纪晓岚把谢振定叫到另一包间，一开口，又是为富纲求情。富纲对纪晓岚，肯定也是敬了的。不过，此时的纪晓岚，正代理左都御史呢！富纲之流，正是他要抓的对象呢！他怎么反过来为一个贪腐之人向下属打招呼呢？谢振定真的蒙了。

"我是为你好。我不会害你。"纪晓岚逼谢振定表态。

"我知道你对我好，不会害我。"谢振定反复说着这句话。

"你以为只有富纲一人贪腐吗？你以为只有你一人知道富纲贪腐吗？你以为乾隆爷不知道谁贪腐谁清廉吗？你以为你一弹劾就可奏效吗？你以为弹劾了富纲官场就清正了吗？"纪晓岚射来了一串连珠炮。

谢振定无法躲藏，只能表态了，但也抛出了一道难题："乾隆爷不问富纲，我可以不弹劾。如果乾隆爷问我富纲的廉洁情况，我该怎么回答呢？”

纪晓岚沉默了。

“如果乾隆爷问起，我还是如实说吧。”谢振定自己打了圆场。

纪晓岚笑笑，说：“你自己把握吧。我说了也就忘了。”

很明显，这老狐狸要脱身了。谢振定马上表态：“谨遵前辈教诲，谨记前辈恩典。”

纪晓岚笑笑，起身走了。

请来请去，轮到自己请了。这天下午，礼亲王、纪晓岚、管世铭、王钟健等早早来到了知耻斋，喝酒聊天。管世铭说，谢振定这次江南之行，带回了什么好东西，拿出来欣赏欣赏。谢振定想想，便拿出了沈周的《瓜洲扬子渡》。

“啊——”管世铭一见，立马睁大眼睛，惊叫一声。

礼亲王拿着画作，左看右看。

“是真的吗？”管世铭问。

“你说说来源。”礼亲王对谢振定说。

谢振定说：“这画是王文治前辈送给我的。王前辈说，是袁枚前辈送给他的。其他我就不知道了。”

“应该是真的。”礼亲王说，“沈周的画我略知一二。这画的风格完全是沈周的。同时，沈周、文嘉、王穉登、王世贞等人的题跋，更能证实。你们看，文嘉的‘片帆渡扬子，隔岸是瓜洲’写得多好！这么多名家手迹，难以以假乱真。这画珍贵！”

王钟健、张士元、昭梿等便露出羡慕的眼光。

管世铭却说："珍贵的物件收着不好。不如送人了事。"

王钟健立马附和："有道理。"

众人便哈哈大笑。

谢振定说："我正有此意呢。"

纪晓岚说："送给管大人吧。你害一下管大人。"

管世铭连忙扬手："我不配。别损我。"

纪晓岚又说："那就送给王大人吧。"

王钟健说："别开玩笑。"

"这画好是好。"好像怕别人说要送给他似的，纪晓岚先自撇开了，"不过，我只对那些奇闻异事感兴趣。芗泉，我讲了几次，你曾答应给我搜集几个的呀。"

谢振定连连点头："搜集了的。"

话题便转到奇闻异事上。

谢振定还真的讲了一段。

谢振定说，这个故事是他在高邮湖一带听到的，有几个版本，有的说就是几年前，有的说是十多年前，还有的说是乾隆初年，总之是乾隆年间吧。那年，运河水浅，运粮船一艘挨着一艘搁浅，不能航行。于是演戏祭神，运粮官也都在场。演出《荆钗记》中《投江》一出时，扮演钱玉莲的演员忽然跪在舞台上哀号，声泪俱下，喃喃说个不停，说的是福建话，叽里咕噜的，一句也听不清。人们知晓那演员是鬼魂附体了，问他怎么了，鬼又听不懂话。有人扔给纸笔，他摇头，好像说不识字，只是指天画地，叩头痛哭。大家没办法，把他扶到岸上，他仍呜咽挣扎，又蹦又跳的，直到人们散去很久，他才清醒过来，说突然看见一个女子，手里拎着自己的头，从水里出来。他吓得灵魂出窍，昏昏沉沉，好像醉酒一样，后来的事就不知道了。这肯定是滞留水底的冤魂，看见官员聚集在这里，所以出来喊冤。但看不见她的形体，言语又不通。官员安排水性好的人，下河寻找尸体，也没有找到。漕运兵丁中，也没有哪家女子失踪，查不出究竟。官员只好联名写了状子，送到城隍祠里烧了。过了四五天，有个水手无缘无故自杀了。可能他就是害死这个女子的凶手，终于遭到了上天的惩罚吧。

“好故事。”纪晓岚抚掌笑道，“芗泉，辛苦你写一下吧。”

谢振定说：“好的。”

管世铭说：“芗泉，你信吗？”

谢振定说：“姑妄听之吧。”

纪晓岚说：“对，姑妄听之。我的《阅微草堂笔记》，会专门编一卷，或两卷，卷名就叫‘姑妄听之’。”

几天后的一个黄昏，谢振定在天安门前遇到王钟健。王钟健问：“芗泉，那幅《瓜洲扬子渡》，你是想送给和大人吗？”

谢振定一愣，连忙说：“不。我是随意说的。”

“哦——”王钟健说，“我以为你准备送给和大人呢。你去年说，没有什么好礼品，这就是最好的礼品啊！”

“也是。不过……”谢振定还是犹豫。

“要不这样吧。”王钟健说，“我出钱买了这画。我们两人去送给和大人。”

谢振定大吃一惊，怎么也想不到王钟健会出这么一个主意，他心里很不好受，想想，还是说，“过几天再说吧。如果去送，肯定我俩一起去，也肯定不要您老破费。”

乾隆爷的召见，终于姗姗而来了。

接到诏令，谢振定立马从皇华驿出发，前往承德。

京师到承德，四百余里，设有皇华、圆明园、南石槽、密云、要亭、两间房、常山峪、喀喇河屯等行宫和驿站，皇帝巡幸承德避暑山庄，从圆明园出发，一般要走七八天。时令已过大暑，天气十分炎热。谢振定没打算走七八天，却也作了四五天的打算。

没想刚到圆明园，便撞上了盛住大人。谢振定没做亏心事，也有点不自在。倒是盛住还算大气，没事一般。他说，他开初很恼火谢振定，嘉亲王开导他，他再四思维，理解了，不怪了。谢振定忙拱手作揖，感谢盛大人，大人大量。盛住说，一个月前，乾隆爷开恩，赏给他圆明园拜唐阿，拜唐阿虽无品级，但有事做，也好。因他在淮关任上没有贪腐，相信查明之后，便会补以实缺。“如果乾隆爷问到我，请谢大人多多美言。”盛住拱了拱手。

谢振定也就笑道：“我确实没有听说你借机敛财、中饱私囊。如果乾隆爷问起你，我会如实奏告。”

“我相信，你谢大人会实事求是。可有人就不是这样了。”盛住脸上忽起愤激之色，“富纲挨了批评之后，再次奏告，说我自到淮关后，每船上银，随喜怒增减：或上银一百六十两，或上银八十两，并且没开发单。老实说，有的船上银一百六十两，有的船上银只有八十两，这样的情况是有的。但这是根据所带货物多少来定的。在一百二十六石以内，照例免税。例外多带货物，按则征收。因为所带货物多少不同，品种不同，是以收银多少不能划一。收银之后，都有连根印票，一存关署，一给旗丁收执。”

“还有这事啊！”谢振定颇感意外。

“有。”盛住说，“富纲见乾隆爷革了我的职，申饬了他，又要他查实有关情况，他就道听途说，落井下石。”

谢振定点头，安慰盛住：“真的假不了，假的真不了。你相信都察院，相信乾隆爷，也相信自己。”

盛住说：“我肯定相信。”

本不想与盛住见面，没想到见面却有意外的收获。谢振定回京后，想与嘉亲王聊聊盛住之事，但他随乾隆爷避暑去了。谢振定与礼亲王聊过，也没能探听出个究竟。从盛住所说来看，嘉亲王应该没有多大意见。

到了承德，在避暑山庄前住下，谢振定还是希望先能见到嘉亲王，虽已知道他对盛住之事的态度，还是想和他聊聊巡漕心得。避暑山庄门前，有两排东西相对的平房，为六部值庐，是承德的六部口，文武官员、王公贵族等在此等候皇帝召见。谢振定在值庐转悠，希望撞上嘉亲王，但嘉亲王住在避暑山庄内，根本不会出来。

晚饭之后，却撞上了钱沣。军机处值庐在避暑山庄四知书屋右配房。军机大臣及行走在庄内值日，在庄外住宿。钱沣见到谢振定，像见到久别的亲人一样高兴，立马拉着谢振定的手，走进一小店，说喝两杯，好好聊聊。刚刚坐下，还在点菜，便有人来喊钱沣，要他马上入庄，去军机处值庐。钱沣苦笑一声，说声抱歉，走了。

次日申正，一名太监带谢振定进入避暑山庄，穿过淡泊敬诚殿，来到四知书屋。此屋五楹，周有回廊，曲折叠绕，庭园清幽，诗意盎然，原由康熙帝题名“依清旷”，乾隆五十一年，乾隆帝增题“四知书屋”。四知取自《周易》“君子知微、知彰、知柔、知刚，万夫之望”之意。据说乾隆皇帝非常喜欢此话，因其正好表达他刚柔相济、恩威并施的统治策略。来到殿前，太监挑起门帘，谢振定进入。太监迅速离去，门帘闭合。

乾隆皇帝端端正正坐在北面宝座上。谢振定有了上次召见的经验，知道皇上对他这次巡漕的看法，胆子大些了，不太紧张了，他与皇上对视一眼，才行跪安礼，立正，朗声叫道：“微臣谢振定，恭请皇上圣安。”然后左腿向前迈出半步，右腿跪在地上，跟着收左腿，跪下，上身直立，随后抬右腿，起左腿，站起身来，往前走了几步，跪在一个白芯红边的垫子上。

谢振定恭恭敬敬地跪着，头微微下垂，双眼不再与皇上对视，只用余光瞄瞄，皇上问一句，谢振定答一句，简短，精准。皇上还说到挑浚练湖下湖一事，说：“奇丰额、查淳你们三人的建议不是没有可取之处，而是库银有限，担心钱花了，事办不好，所以留中不发。”谢振定本想争辩几句，转念一想，皇上的考虑也不是完全无理，便叩头谢罪，说自己虑事不周。问完巡漕事务，皇上问到盛住：“盛住任淮关监督，是否借机敛财、中饱私囊，漕船纳税，是否随意增减，可有所闻？”

谢振定抬头望了一眼皇上，从容答道：“谢振定巡漕，主要在瓜洲、京口一带，在淮安时间不多，因而与盛住交往不多，只知他对漕船留查独严，导致停船过多，押运官员、旗丁水手意见很大。未曾听说他借机敛财、中饱私囊。至于漕船纳税，只听说他征收把控过于严刻，未曾听说随意增减。”

皇上点头。停了一会，又问：“可曾听到富纲是否贪腐？”

谢振定再次抬头，看见皇上一脸期许之色，才低下头，轻声答道：“臣略有所闻。”

皇上说：“具体说说。”

谢振定简要讲了审问督漕委员李刚的情况。

“是你亲自审问的？”皇上反问道。

“是的。微臣亲自审问了一次。”谢振定回答。

“八十余督漕委员，每人一百两，数目不小啊！”皇上自言自语。

“还有什么具体情况吗？”皇上又问。

谢振定又简要讲了恩特赫谟介绍的情况。

“一个粮储道就送六千两，八个粮储道啊，收了多少啊，可恶，可恶！”皇上气得胡子一颤一颤的。

待皇上情绪平息下来，谢振定轻声道：“恩特赫谟请求皇上宽大处理。”

皇上说：“你要他自己举报吧。”

谢振定说：“好。”

皇上又问：“还有什么吗？”

谢振定又说了漕标把总王国俊介绍的情况。

“你到富纲船上去过吗？”

“去过。”

"你看到过圆木、花盆吗?"

"没有。"

皇上点了点头。

久久没有言语。

幸亏膝盖上绑有护膝。

"苏凌阿知道富纲这些情况吗?"良久,皇上才又这么问了一句。

谢振定回答:"微臣不知。"

"听说苏凌阿有什么贪腐情形没有?"

"微臣不知。"

又是沉默。

难堪。

幸亏绑有护膝。

"你知晓富纲贪腐事例不少,为何不弹劾富纲?"终于又发话了,语气明显不满。

"微臣拟密奏。"谢振定从里衣袋里拿出奏章,举在头上,望着皇上。

皇上微微颔首。

谢振定起身,缓步向前,低头呈上奏章。

谢振定退还原地,跪下。

皇上看完,缓言道:"朕心情不好,不是对你。富纲贪腐这么严重,竟然没人奏告,太意外了。你还不错。你办事,我放心。你辛苦了,下去休息吧。"

"谢皇上圣恩。"谢振定如蒙大赦,迅即起身,原地再行跪安礼，礼毕，倒退几步，触到门帘，才转身出门。

守在门外的太监，看见谢振定出来，弓腰笑道："还去一个地方。"说罢，把谢振定带到左配房。原来，嘉亲王在那里。

虽然也是一问一答，谢振定与嘉亲王聊得却很开心。最后，嘉亲王说："我没有看错你。都察院需要你这样的人，朝廷需要你这样的人。"

谢振定高高兴兴走出了避暑山庄。

晚餐是在钱沣房里吃的。

钱沣在店里要了一碟花生米，一份炒精肉，一份炒干鱼，一份炒鸡蛋，两人边喝边聊。

聊得最多的，自然是巡漕。谢振定娓娓道来，包括祭风神、月夜泛舟、演戏等趣事，钱沣听得津津有味。谢振定担心钱沣问及富纲不好回答。还好，钱沣问这问那，就是没问富纲。

钱沣提到了盛住。钱沣认为，盛住人品、能力都不怎么样，无非就是皇亲国戚而已。钱沣夸赞谢振定弹劾盛住，有勇气，有胆量，朝廷需要这样的御史，百姓需要这样的御史。

慢慢，话题便转到钱沣的《请复军机旧规疏》上。

"去年十一月，我上了《请复军机旧规疏》，你回京后，听说了吗？"钱沣问谢振定。

"听说了。佩服佩服！"谢振定立马称赞。

谢振定说的确是实情。

原来，钱沣入值军机处后，很快发现一大问题：军机大臣不在军机处办公，军机处徒有虚名，弊端丛生。于是，钱沣上了一疏，请复军机旧规，军机大臣都到军机处上班。

《请复军机旧规疏》文字不长，谢振定几乎背得。

钱沣首先肯定军机处“人皆萃止于中，用以集思广益，仰赞高深。地一则势无所分，居同则情可共见”，实在是“尽善不易之法”。接着指出五位军机大臣，只有大学士阿桂一人每日在军机处办公。其他四位呢，大学士和珅，有时在内右门内旧许大臣暂止之庐，有时在隆宗门外近造办之庐；大学士王杰和尚书董诰，则在南书房；尚书福长安，则在造办处。

五位军机，四处办公。对错利弊，一看便知。

阿桂在军机处上班，自然最合规矩。

王杰和董诰在南书房呢，虽有不对，也还勉强。因南书房就在乾清宫之西，由翰林出身、学问优长的官员当值，以为皇帝撰写词章，实为皇帝文学侍从。王、董两人均有值班南书房之差，在南书房上班，自然没有大的过错，但钱沣认为，还是“应于军机事件既毕之后，再入未迟”。

至于和珅的上班之处，问题可就大了。

内右门内与皇帝的住处很近，设立暂止之庐，目的是皇帝召见时，恩加大臣，不与其他官员一样露天站立。这样的地方，不应于天亮之前，一位大臣入止，而随从军机司员亦轮番出入。如果这样，久而久之，大臣就可能与内监相狎。钱沣直接指出：万一有无知如高云从者，虽立正刑辟，而所挂已多，杜渐自宜及早。高云从是宫内奏事处太监，乾隆三十九年，他泄露职官任免消息，牵涉大学士、军机大臣、尚书、总管内务府大臣、左都御史、侍郎等若干人。当时，乾隆皇帝异常震怒，于今自然记忆犹新。

至于隆宗门外直庐及造办处，人多嘴杂，各色应差，都可在外窥看偷听，大臣于中办事，亦不庄重。

福长安在造办处上班，虽与和珅不在一起，但很近。

因而钱沣“敢请皇上，敕饬诸大臣，仍照旧规，同止军机处”。

乾隆览疏，批示“钱沣所奏甚是”，切责和珅等改正。

“反复拜读这疏，”谢振定由衷赞叹道，“晚生佩服前辈的胆量，佩服前辈的文章，通篇文字委婉，凭情据理，忠心可鉴，无懈可击。”

钱沣抚须而笑，似乎陶醉其中。

“前辈上疏，乾隆爷切责，军机大臣们改正了吗？”谢振定问道。

“好些了。”钱沣道，“只能说好些了。这疏的价值，可能主要在于有人能够发现问题，敢于指出问题。”

谢振定说：“只怕和大人对您更加恼火了。”

“肯定。”钱沣说，“邪恶永远存在。总要有人不断地同邪恶作斗争，社稷才像社稷。不同邪恶作斗争，还要都察院做什么？还要监察御史做什么？”

谢振定眼望着钱沣，点头，再点头，似乎明白了什么。

“同邪恶势力作斗争，需要不怕牺牲，需要前赴后继。”钱沣眼望着前方，自言自语道，“如果我倒下了，希望有人……”

谢振定点头。虽然钱沣没有看他，他还是点头。

十八

谢振定回到京城不久，便有了一个新的职务：署兵科给事中。

监察御史是从五品，给事中是正五品。谢振定自认为皇上对这次巡漕还算满意，可给个给事中，却还是代理的呢！

纪晓岚告知谢振定这一消息时，谢振定的表情肯定有些怪异，因为纪晓岚马上补了一句："这个署字，是可以去掉的。我还和刘墉刘大人聊过这事。"谢振定只是笑笑。他确实不知怎么回答。"你不要轻视这次变动。"纪晓岚接着说，"管世铭巡漕回来，署都没署呢！"谢振定便又笑笑。纪晓岚说："明天就去兵科办公吧。"谢振定点了点头。

谢振定回到江南道公廨，管世铭向他表示祝贺，又替谢振定发了几句牢骚。谢振定说了纪大人的开导，笑道："我要向您学习呢！"两人哈哈大笑起来。

次日，谢振定便去了兵科。

六科虽属于都察院内设机构，却不在都察院衙门办公，而在午门外，因六科原为独立机构，雍正元年才改隶过来的。六科衙门共有东西两廊，吏、户、礼三科，西向；兵、刑、工三科，东向。

因皇上在承德避暑山庄，六科值庐有人值班，留在京师的六科就相对清闲一些。

谢振定署理兵科给事中之后，才知给事中一职，原是专为监督皇帝而设。或者说，监察御史重在监察百官，给事中重在监督皇帝。谢振定原来以为，给事中、监察御史都可上书言事，都可监察百官，都可外出巡视，差不多呢。

给事中的职掌有八九项，但主要是三项。一是掌言职，二是传纶音，三是掌封驳。掌言职，就是向皇帝提建议，虽然百官皆可，但于给事中，却是职责。传纶音，就是传达帝王的诏令。皇帝批示过的题本，明发上谕，各科每日派给事中一人赴内阁承领红本，抄写若干份，再由各科送有关衙门承办。掌封驳，就是封还皇帝失宜诏令，驳正臣下违误奏章。

外人看来，传达纶音，神圣，神秘，但于给事中来说，也就那么回事，与修史差不多，简单，枯燥。谢振定真正感兴趣的是封驳。仔细想来，这实在是一项好制度。《钦定台规》记载，顺治十八年规定：凡部院督抚奏章，已经奉旨，如确有未便施行之处，允许该科封还执奏。如内阁票拟签本错误，及部院督抚本内事理未协，并听驳正。这是本朝给事中行使封驳权最早的尚方宝剑了。给事中们聚到一起，总会聊起一些封驳掌故。本朝流传最广的封驳往事是：康熙四年三月二日，京师地震，三日，彗星行入奎宿，康熙帝认为四方多难，罪在朕躬，五日便下罪己诏，下诏自省，并大赦天下。恩赦诏令下达当日，便有处决二名囚犯的朱批红本到达兵科，亟待抄发。这个案子是恩赦之前决断，恩赦之后才批复下来，赦与不赦尚有争议。当时的兵科给事中杨雍建认为，赦令刚刚颁布，第二天就行刑，不利于取信于天下，于是将红本封还。同事们认为朱批了的，这样封还不好。杨雍建正色道："六科以封驳为职，古制也。吾封之，咎吾任之，不以累公等。"谢振定听到这里，每次都热血沸腾，对那位前辈肃然起敬。

谢振定便想对封驳职能做些研究。这天，恰好礼科掌印给事中王钟健来到兵科，谢振定便向他请教。王钟健说："封驳之事应该源于汉代，但那时尚无封驳之名，亦无专官执掌。有据可查的是，汉哀帝想益封董贤为二千户侯，丞相王嘉封还诏书。这事，在《汉书》《资治通鉴》都有记载。唐代开始，才有封驳一词，封驳之权，由给事中行使。不过……"王钟健不往下说了。

"不过什么？"谢振定催问道。

"不过，"王钟健说，"封驳，对于朝廷，对于庶民，都很重要，但封驳者，往往没有好下场。王嘉就因封还诏书，最终得罪汉哀帝，下狱而死。"

谢振定点了点头。

此后几天，谢振定又向纪晓岚、恒溥、管世铭、钱沣等请教有关封驳之事。遗憾的是，他们都没有封驳的经历，只知道一些历史掌故。纪晓岚还告诫谢振定，不必在这方面下功夫，更不要想在这方面有作为。

谢振定没有听从纪晓岚的劝告，一有时间，便查阅《汉书》《资治通鉴》等史书，还与张士元探讨，要张士元也帮助查找。只十来天时间，两人便搜集到了从汉朝到国朝的若干史料，看来，封驳，确是一项需要封驳者做出牺牲的事业。

八月下旬，乾隆爷从承德避暑山庄回到紫禁城，六科便比以前忙碌些了。

从午门外六科衙门到军机处，不足两里路，但谢振定不知走了多久，走走停停，至少走了半个时辰吧。深秋的阳光格外通透，他的心里却乌云密布。和大人刚从热河回到京城，便迫不及待召见，肯定不是什么好事。去年巡漕出发前，和大人找他谈过，除了表示关心外，还说了富纲如何能干，要谢振定向富纲学习，暗示之意非常明显，还说了如果方便的话，为他代购一两幅沈周、唐寅的字画。按理，巡漕回来后，是要有个回复。谢振定想拖，但拖得过初一拖不过十五，和大人随驾热河，是初一，和大人回京后，就是十五了。谢振定设想了多种可能，最坏的可能就是，乾隆爷把谢振定弹劾富纲的事告诉了和大人，两人商量后又没打算查处富纲了。那可真是糟糕透了。

谢振定终于走进军机处，进了和大人公廨。和珅立马站起，笑脸相迎。“看来问题不是太大。”谢振定快要跳出口来的心，回到了原处。他在和珅对面坐下，回答和珅的提问，因事先准备充分，回答还算得体。

“听说，”和珅看着谢振定，和颜悦色问道，“王文治送了一幅画给你，是吗？”

谢振定说：“是的。是沈周的《瓜洲扬子渡》。”

“肯定是真迹吗？”

"应该是的。"

"借给我看看，好吗？"

"好。不过……"

"不过什么？"

"在礼亲王那里。"

"哦——"

"这样吧，"谢振定说，"过几天，我去礼亲王家，侧面提提。"

"好。"和珅笑道，"不急。"

因在意料之中，这一关过得还算轻松。

"据富纲说，"和珅停停，口气不那么轻松了，"他补了你一点养廉银，你却捐了。有这事吗？"

"是的。"谢振定说，"捐给京口救生会了。"

"为什么呢？"

"富大人给的，我不能拒绝，也不能收下。"谢振定还是那么轻松，"恰好王文治送我一幅画，我就把这钱捐给了他任会长的救生会了。"

"哦。可富纲却担心呢！"

"他担心什么啊！"谢振定轻松笑道，"我不敢收，当时就说了，我捐了，也告诉他了。"

"你都告诉他了？"

"是的。告诉他了。我们还有一次长谈。"

和珅又问了一些皇上召见的情况，尤其是皇上对富纲的看法，因先有准备，应对还马马虎虎算可以。

和珅说："其实，你应该早点和我见个面。"

谢振定说："您在热河啊！"

和珅说："你到了热河啊！"

谢振定说："我是到了热河。但怎么能与您见面？"

和珅说："我也住在庄外。第一天晚上我不空，第二天晚上你在钱沣那里，第三天你就走了。"

谢振定猛然一惊。好像当头一棒，被打得昏头转向；又好像如芒在背，被刺得疼痛难受。是不是我的一举一动都在他的掌控之中？是不是我刚才所说之真假他都一清二楚？谢振定背都凉了。

"我不知道……我不知道……"谢振定乱了阵脚，"在热河，在热河还能与您见面。"

"钱沣不错。"和珅好像不知谢振定内心的难堪，轻松笑道，"钱沣有眼光，有胆量，是能干大事业的人。他的缺点是太好虚名。太好虚名不好，影响自己。你学钱沣，如能取长补短，比他更有出息。"

谢振定还没回过神来，一脸茫然。

"你现在是兵科给事中吧。"

"还是署呢！"

"署也不要紧。只要乾隆爷喜欢你，署字马上可以去掉，还可以很快再擢升，当个什么道员之类的四品官。"

谢振定摇了摇头。

"你不相信？"

"我相信。但我觉得自己不太可能。"

“要有自信。知道盛住现在干什么了吗？”

谢振定摇了摇头。

“盛住三月革职，五月是圆明园拜唐阿，无品无级，现在已是内务府佐领，从四品了。”

谢振定瞪大了眼睛。

“不出意外的话，”和珅说，“九月初旬，盛住就会补授内务府大臣。昨天，乾隆爷和我商量，内务府大臣较少，准备补授盛住为内务府大臣，在工程处学习行走。内务府大臣，可是正二品啊。”

谢振定蒙了。

谢振定不知自己是怎么离开军机处的，他的腿更沉了，走得更慢了，他觉得自己就像孙悟空，怎么都跳不出如来佛祖的掌心，不，他不是孙悟空，他连孙悟空的脚指头都不如。和珅呢，和珅却比如来佛祖的法力还大。谢振定弹劾富纲之事，乾隆爷肯定尚未告知和珅。但乾隆爷采不采纳尚未可知。即使采纳了革职了又怎么样？按照和珅的说法，只要是他们道上的人，不得不革职，也是暂时的，很快就可官复原职，甚至还可擢升到更高的位置。

谢振定的担忧，几天后便大为缓解。

富纲出事了。

富纲向乾隆爷述完职，心事重重走出养心殿，好不容易走过午门，便被粘杆处抓获了。

粘杆处是一个神秘机构，又称尚虞备用处，民间则称血滴子。

富纲贪腐的细节，卖巡漕委员啦，以赔项索取贿赂啦，树芯、花盆藏金啦，很快传遍了京城。

乾隆爷说“富纲任意贪婪，卑鄙无耻”“可恶之极”“天夺其魄矣”，京师官场尽人皆知。

谢振定弹劾富纲，声名鹊起，有如当年的钱沣。就连纪晓岚、管世铭也说，当初确不知情，富纲应该弹劾。

和珅自然是彻底得罪了。他看见谢振定，笑道：“芗泉，不错啊！佩服，佩服！”语气中明显带有讥讽。谢振定只能装个假懵子，笑着回答：“全靠和大人指教、关心啊！”那层虚假的薄纸戳穿了，反而轻松，也好。

涉案人员陆陆续续抓获了七八十人。恩特赫谟也被抓了。谢振定略感遗憾。热河回来后，他火速传音，要恩特赫谟务必直接奏报皇上，不知恩特赫谟为何迟迟没有行动。

十九

初冬的一个早晨，谢振定从上斜街乐恺堂走出来，立即消失在牛奶一般的浓雾里。那雾实在太浓，十几步远，便看不清人，只见一抹淡淡的影子，在牛奶里游动，鬼魅一样。如还在翰林院抄抄写写，他可以待在家里，不去坐班。但他现在是都察院江南道监察御史，署理兵科给事中，要去内阁承领圣旨，传达纶音。下雨下雪下刀子，都不能耽搁，何况只有这雾？

谢振定慢悠悠穿过午门，再穿过太和门，往东，走数百步，便进了内阁大堂。雾还没散。大堂暗黑，过道更黑。幸而熟门熟路，他穿过蒙古房、满本房、汉本房、饭银处，径直走进红本处。

窗前桌子上，一盏桐油灯在燃着，淡黄的火苗飘忽不定，仿佛随时都会熄灭。内阁中书李一俊坐在那里，呆呆的，形同槁木。“大雾……”谢振定打过招呼，想说点什么，李一俊却一脸木然，递给他一沓土灰色的纸张。这些纸上，有乾隆爷的朱批圣旨，所以叫做红本。承领红本，必须登记。登记签字前，自然要看看相关内容。他只承领属于兵科的。吏、户、礼、刑、工，其他几科的，另有给事中前来承领，不能弄错。随意翻了几页，他忽然眼睛一亮，肩膀往上一耸。原来，乾隆爷在总管内务府大臣盛住的题本上批道：

著两江总督兼署江宁织造苏凌阿，进献鲥鱼两百尾。

是不是看错了？谢振定揉揉眼睛，再看，没错，确是朱批进献鲥鱼。

咦？咦？谢振定站了起来，在房里来回踱步。他有点意外，也有点兴奋。

李一俊望着谢振定，一脸愕然。

谢振定用手指指朱批，微微笑着。

李一俊不明所以。

“怎么回事？”谢振定轻声问道。

“没错。”李一俊说，“驿站归兵部管辖。”

“不是这个意思。”谢振定指着“鲥鱼”二字，“没写错吧？”

“哦——”李一俊摇了摇头，“不会。”

“糊涂。真是糊涂。”谢振定心里这么念叨着，嘴里却说：“皇上怎么会下达这样的圣旨呢？”

李一俊不再言语。

“皇上怎么会下达这样的圣旨呢？”

李一俊还是不搭腔。

“这样的纶音，”谢振定在那里自言自语，“嘿，这样的纶音……”

“难道你想封驳？”李一俊一脸狐疑。

谢振定只是笑笑。

大雾，将近午时才散。谢振定是在大雾中回到午门外六科衙门的。

那个进献鲥鱼的红本，谢振定只抄了一份，便没抄了。这一纶音如要传达下去，至少要抄录四份：一份存底，另三份分别抄送组织货源的两江总督衙门、负责管理驿站（传递）的兵部及收货的内务府。

显然，谢振定想封驳这一纶音。

封驳皇帝失宜诏令，这是朝廷授予给事中的独立职权。谢振定觉得，这一制度设计实在无比英明。皇帝至高无上，一时糊涂，错发谕旨，咋办？

封驳！

给事中予以封驳。

真是一项好制度！

可具体到这道鲥鱼令，是传达，还是封驳？

谢振定有点犹豫。

鲥鱼产于江南，味道特别鲜美，可谓天下一绝。谢振定曾两下江南，感受过这种美味。可这美味作为贡品，因飞马传递，劳民伤财，早被康熙皇帝谕令“永免进贡”。这一故事，还在朝野传为美谈呢。乾隆帝继位后，深感祖父英明，处处以祖父为榜样，甚至暗想力争超过祖父。祖父永免进贡鲥鱼，事虽不大，影响却大。年轻的乾隆皇帝也想在此有所作为。不久，他得知鲥鱼虽然停贡，却仍向渔民折价收钱，便下达了免除江南贡鲜折价的谕旨。这事也在朝野传为美谈。现在，乾隆爷却又要两江总督进献鲥鱼，这样的纶音怎么好传递呢?

那就封驳吧。

封驳必须找到充分的依据。

谢振定想找到康熙帝“永免进贡”鲥鱼和乾隆帝免除贡鲜折价的圣谕，但翻箱倒柜，没有找到。

次日上午，谢振定找了一阵，还是没有找到，便来到军机处，想找钱沣聊聊，钱沣没来，一问，才知他病了，自热河回京，就没来上班。

吃过午饭，谢振定到店里选了三支人参，急匆匆来到虎坊路钱沣租住的公寓。钱沣坐在书房里，闭着眼睛，脸色枯黄，见谢振定进来，凄然一笑，慢慢站起，谢振定忙扶他坐下。家人周系英泡了茶，儿子嘉榴打了招呼，都离开了。

谢振定问了病情。原来，钱沣前年秋天染上风寒，延聘名医诊治，直到冬至才开始好转。这次从热河回来，在密云又染了风寒，感觉与前年那次一样。“如果能渡过这个难关，我会干一件大事。”钱沣的脸上，露出了近乎天真的笑容。

谢振定说:“这次有经验了，更加容易治好。前辈不用担心。”

“难说。”钱沣不很自信。

“不用担心。”谢振定安慰几句，准备起身告辞。

“芗泉，”钱沣说，“你一定有什么事，说吧。”

谢振定见钱沣点穿了，便三言两语说了那道鲥鱼诏，最后发一声感叹:“我实在想不清，乾隆爷这样英明的皇帝，怎么会下达这样糊涂的诏令？”

钱沣笑笑，说：“人人都有糊涂时，越是年老，越有可能糊涂，所以，俗语有‘老糊涂’之说。皇帝也是一样。如果皇帝每时每刻都英明正确，那就真的不要谏官了。乾隆爷年轻时就曾说过，不能保证自己没有过失，需要廷臣直言匡正。何况现在八十多岁了呢！他总认为，一个鸡蛋要十两银子，这不是糊涂吗？”

谢振定点了点头，心领神会。

钱沣又说：“三年前，乾隆爷自称‘十全老人’，专门刻制了‘十全老人之宝’的玉玺，还特意撰写《十全老人之宝说》。十全暗含十美。十全十美，世上有吗？”

谢振定感叹道：“肯定没有啊！谁都知道，没有十全十美的人啊！”

钱沣兴致来了，又讲了些监察御史、给事中的历史渊源与掌故，谢振定忽然觉得，封驳不仅是责任，也是机遇，并不是每个给事中都有这种机遇。该封驳时不封驳，不仅给国家造成损失，也给自己的人生留下遗憾。谢振定如醍醐灌顶，眼望钱沣，满是感激，钱沣会心一笑。谢振定站起身来，再三道谢，再三温言宽慰，才缓缓离开钱家。

那道鲥鱼诏，还没停留两日，便有人知道谢振定的意图并找上门来了。最先来的是盛住。九月初，盛住补授了内务府大臣，已是正二品大员。也真是鬼日菩萨，谢振定不怎么待见盛住，盛住却是佩服谢振定，担任内务府大臣不久，即派人送来羊肉一腿、鸡两只、鱼四条，虽不怎么值钱，却也是一片心意。这次盛住登门，谢振定自然要表示感谢。盛住说，要感谢谢振定在乾隆爷面前说好话呢。谢振定知道，盛住说的是客气话。

闲聊几句，盛住便把话题转到乾隆爷身上，说九月初三日，乾隆爷在勤政殿，召集皇子皇孙、王公大臣等入见，宣示恩命：立皇十五子嘉亲王颙琰为皇太子；以明年丙辰，建元嘉庆元年。“定是这么定了。可乾隆爷内心不想让位呢。”盛住说，“他自己都说出来了：践阼之初，即焚香默祷上天，若蒙眷佑，得在位六十年，即当传位嗣子，不敢上同皇祖纪元六十一载之数。他是兑现自己当初诺言呢。”

谢振定只是笑笑。他不愿掺和到他们的家事中去。

“宣布之后，乾隆爷便有落寞之感。”盛住说，“他想吃鲥鱼。你就成全算了，不要封驳了。毕竟八十六岁的老人了，吃一次算一次了。”

谢振定笑笑，说：“我也不想封驳。但不符条规呢！康熙、乾隆两帝皆有圣谕的。”

“芗泉，”盛住笑道，“我和你打交道不多，但自认为对你是很了解的。你正直，固执。你的正直已有口皆碑。你的固执会损害自己，水至清则无鱼呢。凡事不可绝对。条规是死的，人是活的。鲥鱼进贡，作为一项制度，早在康熙二十二年就已废除，但具体进献，还是偶尔有之呢。”

“真的吗？”谢振定表示怀疑。

“当然是真的。”盛住从袋里掏出一张纸，说，“内务府有记载的。比如，康熙三十五年五月初二日，三十六年四月二十九日，江宁织造、郎中曹寅就分别进献鲥鱼六十尾、二百尾呢。这个曹寅，就是作《红楼梦》的曹雪芹的祖父呢？”

“是吗？曹寅还进献了几次鲥鱼？”谢振定还是怀疑。

“你这人够固执的。”盛住笑道，“不止一人进献，也不止几次进献呢。我来之前特意抄了一页。你看看。”说罢，就把手里那纸递给谢振定。

谢振定接过，看了看，笑笑，还给盛住。

“我再想想吧。”谢振定说，“真是为难。”

“这有什么为难的？”盛住说，“《大学》说：‘为人臣，止于敬’呢！”

谢振定望着盛住，嘿嘿地笑。

“你笑什么？”

“你知道‘为人臣，止于敬’的含义吗？”

“知道。很简单呀！”

“只怕不是你说的那么简单。”

“你说个复杂的看看。”

“‘为人臣，止于敬’，不是简单的跪跪拜拜。”谢振定说，“孟子说：陈善闭邪谓之敬。朱熹则对‘止于敬’有专门的解释，他说：‘臣能陈善闭邪，便是敬；若有所畏惧，而不敢正君之失，便是过，便不是敬。’按照朱熹的说法，如果这道圣旨不予封驳，就是过错，就是不敬呢。”

“芗泉，”盛住说，“我觉得，我读书读少了。你呢，读书读呆了。不和你讲书了。这样吧，你听一次我的，这次就不封驳了。

相信我，我绝对不会害你。”

“我知道你是为我好。”谢振定说，“莫急，你让我想想再说吧。”

盛住走后，谢振定便又着手查找康熙、乾隆那两道圣旨，他想查到之后，立马封驳，免得夜长梦多。查了大半天，还是没查到。

刚刚吃过午饭，回到公廨坐下，纪晓岚便提着根大烟杆进来了。

谢振定连忙请坐，上茶。

纪晓岚坐下，装上烟丝，把烟嘴伸到火盆上，吧吧地吸。吸完，又装上。谢振定知道他也是为那道鲥鱼诏而来，因他只是署理左都御史，都察院都去得少，六科衙门更是很少来的。烟吸完了，纪晓岚清清嗓子，开始说话。他没绕任何弯子，直奔主题，还说他本不想来，是受人之托，不得不来。他劝谢振定冷静、慎重，他说，给事中虽然有封驳权，但皇上不喜欢被封驳，因此，近二三十年来，就没有封驳过了，难道这么多年以来没有需要封驳的谕旨吗？不可能。他说，谢振定现在是署理给事中，去掉那个署字说不难，就不难，甚至再升迁也不难；说难，也就难，如果皇上不高兴，不仅去掉署字为难，恐怕还有更难的事。

纪晓岚说完，又开始抽烟了。谢振定一时不知怎么说好，想想，忽然冒出一句话来：“乾隆爷是不是故意下这么一道圣旨，来考验我们给事中呢？”

纪晓岚笑笑，摇摇头：“别说小孩子话了。”

谢振定低下了头，良久，才抬起头来，望着纪晓岚，说：“我觉得，您也好，盛大人也好，写封信给苏大人，要苏大人送点鲥鱼来，我可以不管。下达这样的谕旨，我不管不好。”

“吃鲥鱼，写封信，当然也可以。但现在，”纪晓岚字斟句酌地说，“乾隆爷最在乎的，恐怕不是鲥鱼了。”

谢振定怔怔地望着纪晓岚。

“我刚才说了，乾隆爷不喜欢被封驳。”

“那他，”谢振定说，“那他取消给事中的封驳权啊！”

“明令取消给事中的封驳权，是要受到后人诟病的。”纪晓岚说，“乾隆爷不会那么傻。他是名义上不取消，甚至口头上还要鼓励，实际上是要使封驳权形同虚设。”

“这就更应该封驳了。”谢振定感叹一句，停了一阵，才又说话，开初说得有些慢，有些不连贯，慢慢便流畅了，甚至有些激动了，话语就像那打开闸门的河水，滔滔而下，“乾隆爷听不到真话了。他亲近的人都不和他讲真话，或者说不敢和他讲真话。这怎么行呢？比如，他总认为一个鸡蛋要十两银子。实际上呢，一个鸡蛋只要五六文钱。十两银子可买两千个左右的鸡蛋。当然，只这么讲讲笑话，聊聊天，无所谓。但凭这样的虚假情况决断国家大事，肯定会出问题。他知道从江南运来鲥鱼劳民伤财，但他认为也是小事一桩，他下了谕旨，就无人反对。我相信您的判断，乾隆爷想使给事中的封驳权形同虚设。但是，这对他有什么好处呢？对朝廷有什么好处呢？对庶民百姓有什么好处呢？我就是要使他知道，只要谕旨有错误，就会有人反对。这于黎民百姓、于朝廷、于皇上都只有好处的事，落到了我谢某人身上，我怎能不为呢？总要有人对他说真话才行啊！”

“芗泉，”良久，纪晓岚才缓缓地说，“我觉得你很高尚。而我，却很卑微。不过，我要告诉你，在朝廷，你只是一只虱子，撑不起一床被子。我是受人之托，复命即可。”说罢，拄着烟杆，哒哒哒的，气冲冲走了。

纪晓岚走后，便有一些人围了上来，七嘴八舌地议论。他们都已知道谢振定想要封驳那道鲥鱼圣旨，大都鼓劲支持。王钟健、恒溥则说要慎重，纪大人说的话不是没有道理。有人提议：封驳也好，传达也好，要快，不能再拖了。谢振定觉得这话很有道理，便说出了尚未找到康熙、乾隆帝那两道圣旨。

“康熙帝的没有看到过。”王钟健缓缓地说，“乾隆爷的，好像在乾隆元年的《起居注》上。”

便有人找来乾隆爷的《起居注》，一翻，便找到了，谢振定等立马围到一起观看：

> 乾隆元年三月十三日。免江南贡鲜折价。谕：闻江南长江一带，向有贡献鲥鱼之例，至康熙年间停止。因而地方改为折价，向网户征收，解充地方公用。乃历年既久，或网户改业，或移徙他方，辗转牵连，又加胥吏借端苛索，遂致沿江捕鱼之人，代受追呼之累。朕思当年圣祖仁皇帝停止贡鲜，乃爱惜民力之至意，何用此些须折价烦扰小民。著该督抚查明豁免，永著为例。

谢振定立马眉开眼笑。够了。有了这么一道上谕，足够了。

“热闹啊！这么热闹啊！”有人高声叫道。

是盛住盛大人。

其他人很快走开了。

房子里只剩下谢振定和盛住两人。

盛住的脸色很是难看。

谢振定连忙请坐。

盛住不坐，硬邦邦地说：“纪大人跟我说了。我呢，没有办法，禀告了和大人，和大人是我们内务府领班大臣。和大人说：这个谢振定呢，不听我的。不过，你可以告诉他，他太好虚名，不实在，这样不好。惹得乾隆爷不高兴，没有好果子吃。我把和大人的话，转告了你，完事了。”

盛住说完，转身走了。

谢振定僵在那里。

和珅，和大人，身兼军机大臣、内阁大学士、户部尚书、刑部尚书、理藩院尚书、内务府大臣等多个职务，虽只是一个大臣，但深得乾隆爷的信任，权势仅在乾隆爷之下，远在其他大臣之上，人称二皇帝，纪晓岚等大臣都要让他三分呢。和珅曾对他示过好，打过招呼，也说过去掉署字、先任兵科给事中再出任道员之类的话。监察御史是从五品，给事中是正五品，道员就是正四品了。谢振定何尝不想？但他不想违心而得，便装聋作哑。已经搪塞两次了，这次还不听招呼，就要彻底得罪了。“你可以得罪我，但绝对不能得罪和大人。”纪晓岚曾经这样告诫过他。

不知呆坐了多久，谢振定才离开六科衙门，迈着沉重的脚步，回到乐恺堂。家人已经吃过晚饭，兴峣、兴峘读书去了，君美、蔺然在那里做针凿。谢振定一屁股坐在凳子上，不说话。蔺然连忙起身，把鱼煮萝卜热了，炒了一碗大白菜。谢振定说，拿壶酒来。蔺然便拿来酒、杯，放在谢振定面前，又炒来一碟鸡蛋，一碟花生米。谢振定一个人默默地喝酒。君美、蔺然不时望望他，不作声。

他想喝醉，但没有。

他在知耻斋坐了一夜。

谢振定虽然一夜没睡，却精力充沛，次日辰刻刚过，便走进内阁红本处，把那道鲥鱼圣旨交还给李一俊。谢振定封还的意见很简单，也很充足：一、康熙帝谕令永免进贡鲥鱼；二、乾隆帝谕令永免鲥鱼折价。当然，还附上了乾隆元年三月十三日的上谕。

李一俊随意翻了翻，笑道："这真是天大的事。都想清了？"

谢振定点了点头。

"现在撤回，还来得及。"

谢振定摇了摇头。

"这样吧。"李一俊说，"先在我这里放放。明天下午，你再不撤回，我就交给大学士了。"

谢振定说："好！"

几天之后的一个下午，快下班了，管世铭急匆匆来到谢振定公廨，说："钱沣死了。"

谢振定一挺而起："真的吗？"

管世铭说："当然是真的。"

其实，谢振定也知道自己那问是多余的，只是不由自主罢了。

两人很快来到虎坊桥钱沣租住的公寓。公寓里人来人往，大多是钱沣云南的老乡，还有几位都察院的给事中、监察御史，熟悉的，不熟悉的，相互打听死因，都对钱沣的突然离去感到意外。家人周系英忙里忙外。嘉榴还刚满十岁，只知道哭。站了一阵，周系英把管世铭和谢振定拉到院外僻静处，说："钱大人临终前，拿出一份奏折草稿，要我交给管大人；如果谢大人先来，交给谢大人也可以。我放在书柜里，刚才反复寻找，不见了。"

两人大感意外。

"你看了内容吗？"管世铭问。

"看了。"周系英说，"是弹劾和珅大人的。例举了二十多条，还没写完。"

"不要声张。我们再去找找。"管世铭说罢，转身便往里走。

三人在书房里又找了一阵，每一个角落都找遍了，每一页书都翻遍了，没有找到。显然，有人已拿走了甚至毁坏了奏稿。

"是不是和珅派人来弄走了？"管世铭问。

"不可能。"周系英摇了摇头，"和珅尚不知情，现在来的都是自己人。"

管世铭、谢振定两人相互望着，呆呆的。

二十

奉谕旨：巡视东城，著谢振定去。

谢振定那个容易去掉的“署”字，不用去掉了，因他不再署理兵科给事中，他不用去六科衙门了，也不用去内阁接受红本、传达纶音了。他还是当他的监察御史，只是具体差事有所变化：巡视东城。

都察院的事务大体分为三块：十五道（监察御史）、六科（给事中）、五城都察院。谢振定一巡城，就可说三块都历练了。也好。

五城都察院是稽察京师地方治安的机构。京城分为中、东、西、南、北五区管理。都察院分派御史巡城，设有巡城御史的公署，称为“五城察院”，或称“五城”。各城设有兵马司，分为二坊。谢振定巡视的东城，分为朝阳坊、崇南坊。兵马司设指挥一人（正六品），副指挥二人（正七品），吏目一人（未入流）。巡城御史督率所属，办理地方之事，厘剔奸弊，整顿风俗。凡人命案件，由兵马司指挥相验。盗窃案件，由副指挥、吏目察看现场和审解。其余词讼案件，由指挥报巡城御史审断。杖罪以下案件，自行完结，徒罪以上，送刑部定案。

五城察院还“掌赈恤之政令”。五城共设有六个栖流所，十个粥厂，十个粜米厂，一个普济堂，一个育婴堂等，作为赈恤流民的机构。

五城各设公所，于每月朔望吉日，由御史、司坊官组织乡约，宣讲皇帝诰诫官民的诏令，如顺治颁布的《顺治六谕》、康熙颁布《圣谕十六条》、雍正颁布的《圣谕广训》，使民共知向善，以敦风化。

东城察院署在正阳门内、西城下道北。谢振定手下只有四名书吏。东城兵马司指挥署在花儿市，名为兵马司指挥，却不带兵，只带八名书吏，还有一名仵作，一名见习仵作。副指挥署在朝阳门外鸡市口二条胡同，负责朝阳坊，吏目署在东河漕道北，负责崇南坊，两署均有二十四名捕役，以便巡查、捕盗，维持治安，还各配有二十名更夫。

察院设满汉巡城御史，说是巡城御史，其实给事中也可充任。东城察院满巡城御史竟是恒溥。两人在察院见面，谢振定笑道：“我署职，与您共事；不署职，也与您共事。真是有缘。”恒溥也就笑道：“有缘，有缘。”

近些日子，谢振定感觉不太对劲，虽不说如芒在背，也不说如鲠在喉，但总有点不舒服。给事中署了才三个多月，正是有滋有味时，却又要他署理京畿道监察御史，京畿道监察御史才署了十多天，却又要他巡视东城。他开初想，巡城怎么也轮不到他。后来想清了，不是不该巡城，监察御史可以巡城，给事中也可巡城呀，恒溥不就是给事中吗？而是先应去掉那个署字，任兵科给事中后再来巡城。想来想去，原来还是想着升那么一点儿。谢振定忽然觉得自己很猥琐。不该，实在不该。谢振定自责一阵，释然了，舒畅了。

皇上谕旨：满汉巡城御史均应每日进署理事。实际并未完全执行，有的三四天、五六天才坐城一次。谢振定每天进署，没事，则到花儿市兵马司指挥署、朝阳门外鸡市口副指挥署、东河漕道北吏目署走走，与属员们聊聊天，每十天半月，到栖流所、粥厂走走。栖流所收留无依无靠自身无法生存之人，每日给米一升，制钱十五文。粥厂自十月初一起，至次年三月二十日止，每日每厂发米一石，柴薪银五分。谢振定到这两个地方走了几次，更加知晓民间的疾苦了。

满巡城御史恒溥，人还厚道，进署少些，谢振定坚持一条，凡属应该满汉御史共商之事，绝不一人做主。京城五个察院，总有两三个权力集中在汉御史手里，满御史摸不到风，乾隆爷为此还申斥过，“殊觉汉御史遇事专擅，满御史退处无能”，要求“满汉御史，嗣后于应办公事，务宜和衷商酌，秉公办理。满御史当勉图自立，汉御史不得任意自专”。因此，恒溥发自内心地尊重谢振定。

谢振定觉得，与六科给事中尤其是翰林院编修比起来，巡城御史事务烦琐，具体，实在，与庶民百姓的生活息息相关，对本人而言，也有利于开阔眼界，增长才干，尤其是更能知晓、体谅百姓疾苦。不到一月，东城察院及所辖二坊，就拿获一个偷铜贼，一起私造火药案，一起有郎中参与的赌博案，一位员外郎嫖妓案，组织扑灭火灾一次，还处理了不少琐碎事，很多是以前见所未见闻所未闻的。有些大事恒溥当时并未在场，如何处理，谢振定均与恒溥一起商量，并报都察院或上奏皇上。

御史巡城，成为亲民之官。越是亲民，越是事多。谢振定总是早出晚归，还是有做不完的事。他给王文治写信，说自己巡视东城，“戴星出入，自矢冰兢，剔弊摘奸，闻风者稍为敛迹”，把巡城作为一个锻炼自己的机会，“庶几少资历练，以免迂儒无用之诮”，并报告了初步成果，“浪得廉名，人望而畏”。

谢振定就这么有滋有味地巡视东城。

腊月中旬的一天上午，谢振定刚到东城察院，便有一位中年汉子进来，说是江苏提刑按察使司经历司知事，姓谢。“奇丰额巡抚大人要我给您送封信呢。”说罢拿出一信，递给谢振定。谢振定接过，打开一看，脸便黑了。

原来，去年击鼓鸣冤的易容，成了讼棍。

奇丰额信中说，易容去冬开始，在省开张客寓，招集讼师，包揽串讼，已于上月拿获，并搜出词底稿簿及构讼书信各件。

谢振定看完信，又问了谢知事一些情况，基本弄清了易容一事的原委。

原来，去年易容进京击鼓鸣冤，受了一名叫金老四的人的指引。金老四是通州人，住在京师，以讼为生。易容经人介绍，找到金老四，与他一同商量，并许以酬谢。金老四与部吏李玉山关系很好，李玉山在刑部当贴写，并无卯名，属于帮办书吏。金老四带易容找到李玉山。商量后，李玉山说，外间状式未必合用，令雇工王二带易容到东城根，请俞锦生誊改。这些事当然都要花钱。

易容给了金老四白银十四两，李玉山八两，俞锦生六两，王二三两。至此，除去沿途花销及京城食宿外，易容花费银三十一两。

易容击鼓鸣冤后，都察院将案件咨交江苏巡抚奇丰额处理，要求三月内审理完毕。

奇丰额将此案交给按察使司，按察使司又将此案交给苏州知府审理。

不久之后，苏州知府便督同吴县知县一起审讯此案，尽管审案人员声称易容所控不实，但态势还是对原告有利。两位被告朱超宗、陈念曾感到局势不妙，愿意调解，出钱消灾。易容并无把握胜算，也愿调解。中人出面，谈了几次，最终达成一致：朱超宗、陈念曾共同出银一百二十两，易容当即具结完案。

易容没有告倒朱超宗、陈念曾，却意外得了一大把银子，他觉得京城有人可托，完全可以开店包讼，以此渔利。恰好金老四来到苏州，两人一拍即合。去年十一月，易容在省城租房开店，招集精兵强将，有著名讼师，有与官府关系好的，有管账的，还有代书、誊写呈状，每张一百文。易容采取的是包讼方式，包括写词状，带同进京、递呈，京控回苏后保释等，一切都事先讲定。

开业当月，易容便接到五宗生意，因服务周到，效果良好，慢慢，易容开店包讼的消息传开了，一些控词也在互相传阅，慕名而来的人络绎于途。

江苏京控案件陡增，引起朝廷重视。乾隆爷命两江总督、江苏巡抚从严治理。苏凌阿、奇丰额雷厉风行，立即责成相关人员密访，对包揽词讼者实施抓捕。苏州知府、常州通判、丹徒知县等上报情况，逐渐集中指向易容。奇丰额组织抓捕行动，一举抓获易容及同党八人。大体案情已审讯清楚，但彻底搞清必须抓获金老四、李玉山才行。

“奇大人已上《访获讼棍，请旨饬拿在京揽讼各犯》一折，估计乾隆爷已经批示，或很快就会批示。金老四、李玉山都住在东城。奇大人让我进京，请您重视此案，速将案犯抓获。”谢知事说。

谢知事提供的地址是：金老四住在东便门隆安寺左旁，李玉山住在前门内三眼胡同，门首贴有“金声堂”字样，左邻是膏药店，右邻是杂货店，对门是小刀店。

“东城根的俞锦生不抓？”谢振定问。

“是的。”谢知事肯定地说。

“好。”谢振定说，“我马上就去午门外六科直房看看圣旨下达没有。”

“我可以和您一起去吗？”谢知事问。

“没有必要。我骑马，快，一会就来。”谢振定说罢，起身往外走了。

确实只一会儿，谢振定便回来了，说圣旨已经下来，乾隆爷谕令步军统领衙门、五城及顺天府，一体密速掩捕务获，解往江苏归案严办，毋任远扬漏网。“按照谕令，要步军统领衙门牵头呢。”谢振定说，“你是不是去一趟步军统领衙门？”

“我去一趟可以。”谢知事说，“奇大人要我来，就是担心衙门多了，拖延，走漏风声，案犯逃了。我已侦查清楚，并雇人盯住，请您尽快派人，抓获再说。”

“好。”谢振定未再犹豫，立即派三名书吏，分赴花儿市、朝阳门外鸡市口二条胡同、东河漕道北，将兵马司指挥、副指挥、吏目找来，商议确定，集合所有捕役，分成两路，务必在中餐时分抓获。

不到一个时辰，金老四、李玉山便抓获归案。

谢振定脸上露出了欣慰的笑容。

乾隆六十年是乙卯年。

丙辰改元，为嘉庆元年。

正月初一，乾隆爷御驾太和殿，亲授玉玺给皇太子。皇太子受宝，即皇帝位，为嘉庆帝，尊乾隆爷为太上皇。

内外王公，文武百官，朝鲜、安南、暹罗、廓尔喀等国使臣参加了传位仪式、登极典礼。

谢振定没有资格参加盛典。不过，他还是像平时一样，早早地来到正阳门内、西城下道北的东城察院。察院书吏及兵马司指挥、副指挥、吏目等先后前来拜年。谢振定热情接待，嘱咐他们：“一定坚守岗位。过年过节，我们察院属员更加辛苦。”

将近午时，谢振定与兵马司指挥等来到天安门，恰逢礼部尚书纪晓岚率鸿胪寺卿等官员，在天安门楼上，宣读皇帝传位诏书。谢振定站在人群里谛听，也没听清几句。

午餐过后不久，即有一位书吏送来石印的传位诏书，这传位诏书，按照乾隆爷谕旨，要颁行天下，可能在纪晓岚宣读之前就开印了。

谢振定一目十行，很快看完。传位诏书里，包含几十项恩典，对谢振定有用的好像只有一条，即“内外满汉文武大小官员，俱加一级”，其余的，如文官在京四品以上、在外三品以上，武官在京在外二品以上，照现任品级各荫一子入监读书等，均与谢振定无关。

谢振定想，改元了，嘉庆帝即位了，乾隆爷成太上皇了，政治局势只怕还是一样。传位诏书写得非常清楚：“凡军国重务、用人行政大端，朕未至倦勤，不敢自逸。部院衙门及各省题奏事件，悉遵前旨行。”

慢慢，便有大臣传出话来，说皇上召见时，八十有六的太上皇南面而坐，目光炯炯，俯视臣下；三十七岁的嘉庆帝则西向一小几，小心翼翼，比登基前更加谨慎。太上皇笑，嘉庆帝也笑，太上皇发怒，嘉庆帝就紧绷着脸。据说，和珅曾以政令奏请皇旨，嘉庆帝回答说：惟皇爷处分，朕何敢与焉？

谢振定自从弹劾富纲后，就与和珅没再交往，不知此事真假。偶与礼亲王、纪大人聊及此事，与传言大体相同。对于谢振定而言，他们父子哪个掌权都一样，但他内心深处，还是希望嘉庆帝有所作为，这样，或许国运会有些许变化。

当然，也有人变化是非常大的。比如盛住，嘉庆嫡妃喜塔腊氏册立为皇后后，乾隆爷称“嗣皇后弟兄内，惟盛住尚可造就，亦照从前加恩例，赏给侯爵”，还说“或俟将来再晋封公爵”呢。谢振定在正阳门外撞上盛住，见盛住一脸喜气，且还像以前一样心无芥蒂，便也道了贺喜。盛住说，皇上很是赏识谢振定，只是现在韬光养晦，到时一定会重任他的。谢振定听了，不管真假如何，立马表示感谢。

眨眼到了三月。初一上午，谢振定在鸡爪胡同与民众讲解圣谕。《顺治六谕》可以说极度精练：孝敬父母，尊敬长上，和睦乡里，教训子弟，各安生理，无做非为。康熙帝的《圣谕十六条》，如敦孝弟以重人伦、笃宗族以昭雍睦、和乡党以息争讼，就是十六句这样的话，也很简单。但要讲好，讲得百姓爱听，讲得百姓受教育，就不简单了。谢振定重点讲解《顺治六谕》，他讲了一些典型事例，也让听众提供一些身边的实例，百姓听得津津有味。一晃，一个时辰便过去了，以往的讲解，都是二刻钟呢。好几个人说，这次讲解，是最有味的一次，以前来听，是点个卯，这次听进去了。回到察院，吃过午饭，便起草了一道折子，建议朝廷七品以上官员，每年到自己所居住的街坊，宣讲一次圣谕，具体由乡约组织。

正准备去通政使司投发奏折，忽然进来一位少妇，跪地喊冤，求青天大老爷做主。谢振定粗略问问，知此少妇姓王，家住南羊肉口，丈夫戴世功年前亡故，叔子戴世仪系工部郎中。他们两家共一个院子，系祖业，十二间房，现各一半，有分关。王没生儿子，只有一个女儿。戴世仪有三子一女。春节前，戴借了王家两间房子。春节后，戴想霸占房屋，逼她出嫁，劝她、骂她、威胁她。女人边说边哭，怪可怜的。恰好东城吏目来到察院，谢振定便劝说妇人几句，要吏目到南羊肉口妇人家看看，找邻居了解了解，根据情况，谢振定再找戴世仪谈谈。“总之，只要他不来逼你，你能安心生活就行了。”谢振定最后这样对那妇人说。妇人千恩万谢回去了。

吏目没来报告，戴世仪倒来了。那是第三天吧，一个形态猥琐大概四十岁的人，走进谢振定公廨，说：“工部郎中戴世仪，特来禀告，嫂子诬陷我，完全没有那事，请谢大人明察。”谢振定听他讲了几句，见他贼头贼脑，很不喜欢，也就没讲客气，说：“我正想找你，你来了更好。你是否逼了嫂子，我不追问，只要你嫂子不来告状就行了。”戴世仪叩头感谢，说：“那贱货，一定不会再来了。”

几天后，谢振定奏折的朱批下来了，嘉庆帝朱批：谢振定所见极是，著五城察院并各乡约拟订方案，悉心办理。

再过十来天，粥厂就要停业了。这天，恰好恒溥来了，谢振定便和恒溥结伴到两个粥厂看了看，看到赴厂就食的贫民还是比较拥挤，又问了问情况，便商量奏报皇上，建议粥厂延业一月。恒溥说：“尽心吧。”谢振定说：“恩准才好。”回到察院，谢振定拟好奏稿，请恒溥审阅署名。恒溥很快看完，指着“丙辰改元，皇上登极”一句说：“有了这句，嘉庆帝肯定会做主延期了。”谢振定笑了笑。

没过几日，便有涉及察院的两道谕旨下达。

一道是恒溥、谢振定关于粥厂延业的。嘉庆帝认为粥厂本来“一届融暖，例即停止”，但根据奏报，“第念现在京畿一带觅食贫民，糊口维艰”，谕令“著五城、顺天府再行煮赈一月”。

一道是巡视中城给事中王钟健关于《请广教化》一折的。王钟健建议府州县衙遍行刊印《顺治六谕》《圣谕十六条》《圣谕广训》，于编查保甲时，逐保散给，分发到户。嘉庆帝认为原来宣读圣谕，“立法已为周备”，王钟健所奏办法“未免近于亵越”。

谢振定认为王钟健的建议未尝不可。嘉庆帝不予采纳也就罢了，还用“亵越”一词，未免过重。不知王钟健上这么一道奏折，受到自己那道奏折的影响没有，这位老兄，不，这位前辈，运气不佳是肯定的。如果方便，谢振定倒想和他聊聊。

谢振定很快便见到了王钟健，但两人没聊什么。

那天，管世铭在铁门酒楼请客。谢振定参加了，王钟健也参加了，还有纪晓岚、张士元、昭梿等等。不知是谁，忽然提到这日上午，刘墉刘大人挨了嘉庆帝一顿大骂，问纪晓岚是否属实。纪大人说，没有亲历，只怕无风不起浪。

传闻是这样的：上午，皇上按照惯例召见知府以上新任官员，太上皇没有出席。吏部尚书刘墉领引。新选浙江处州知府戴世仪，不知是紧张还是心虚，应对皇上垂询，手足无措，驴唇不对马嘴。在皇帝面前有点紧张，本不是什么大事，有时还显得忠厚老实，可戴世仪却在紧张中透着庸劣。皇上随手翻看其履历，见是捐纳出身，心中更加厌嫌。戴世仪下去后，嘉庆帝询问刘墉：“戴世仪这人，怎么样啊？可以胜任吗？”刘墉回答：“还可以啊。当个知府，应该胜任。”嘉庆帝听后，勃然大怒，厉声训斥道：“朕看，戴世仪这人，庸劣已极，根本不能胜任！”停了停，喊应刘墉，继续训斥，“朕看你，身负重任，平日于铨政用人诸事，全不留心，总以模棱之词塞责。这怎么行？你说行吗？”刘墉连连叩头认罪。

“这个戴世仪，有谁认识吗？”纪晓岚问。

很多人说不认识。也难怪。京师官多，而科班出身的官员，又看不起那些捐纳等异途出身的，平时很少来往。

“我倒是见过一面。”谢振定说。

“到底怎么样？”纪晓岚问。

谢振定简略说了所闻所见。

“这样的人怎么能担任知府呢？”很多人便鄙夷戴世仪。

谢振定说：“我认为，这事不能怪戴世仪。”

王钟健马上接应：“不能怪他。”

“要怪，就只能怪刘大人了。”管世铭说。

大家便说刘大人如何如何，还有人说到堂餐，说刘大人其实是背锅，为和大人背锅，戴走的实际上还是和大人的路子。

谢振定喝了一大口酒，说：“我想起了《易经》上的一句话，憋了很久，不吐不快。”

“你就吐啊！”管世铭笑道，“千万别憋出病来。”

便都望着谢振定，笑。

谢振定又喝了一大口酒，说：“《否卦·彖辞》有言：‘内阴而外阳，内柔而外刚，内小人而外君子，小人道长，君子道消也。’谁之谓也？刘大人之谓也。”

“高！”“高！”夸赞之声不绝于耳。

吃完饭，昭梿乘谢振定马车一同回家，几次欲言又止。到了礼亲王府门口，昭梿下车后，谢振定犹豫一会，也下车，走到昭梿面前，拍拍昭梿肩膀：“有什么话，你就说罢。”

“谢大人。”昭梿迟疑着，说，“按照您教我的方法，我为您算了两次卦，两次都是否卦。”

“是吗？”谢振定颇感意外。

“是的。”昭梿说，“要不要告诉您，我想了很久。今晚，您张口说出《否卦·彖辞》，我就觉得不管怎样，应该告诉您。”

谢振定沉思片刻，说：“还是记住荀子的话，善《易》者不占吧。”

次日下午，谢振定下班回家，在正阳门遇上刘墉。刘墉显然已知昨晚之事，笑道：“芗泉，你怎么这样挖苦我呢？我倒无所谓，你不怕有人利用吗？”

谢振定看到眼前这位年近八旬的老人，面目和蔼，笑声爽朗，顿生歉意，搪塞道：“晚辈喝多了。还望大人见谅。”

“没事，没事。”刘墉朗声笑笑，走了。

谢振定却久久地站在那里。

二十一

三月十八日清晨，太阳刚刚出来，光线几乎是贴着地面平射过来，谢振定便已吃过早餐，乘马车出了上斜街乐恺堂，经正阳门外大街，从崇文外门进入内城，再经东单牌楼、东四牌楼，往东，到达朝阳门，停留片刻，出朝阳门，到达东岳庙。

东岳庙建于元代，因主殿供奉泰山神东岳大帝而得名，至今已有四百多年历史。因庙宇占地多，怕有百十亩，更因历任住持都很开明，京城内外各行各业的行会，便来纷纷建殿、立碑，将自己祖师供奉在这里，如鲁班、马王、喜神、药王、海神、仓神、灶神、文昌帝君等等，都在这里享受香火。每逢祖师诞辰，各行人员便要来到祖师殿，烧香许愿，酬神演戏，祈祷祖师保佑弟子。其他来看热闹的人，或者贩卖什么物品的人，自然更多。东岳庙一建成，便成为京师最热闹的场所，鲁班、喜神、药王、灶神这些神呀王呀一进来，几乎月月都有庙会，就更热闹了。许多老人家带着儿孙走进东岳庙，总会说，东岳大帝许可各路祖师爷来此享受香火，自己的香火也更旺了。

三月十八日，是优伶会，也称伶人节。

优伶的祖师爷是唐玄宗李隆基，供奉在喜神殿内。殿前有联：寄予此中人，但使有缘常见我；坐观天下事，须知作戏要逢场。

喜神白面无须，戴皇帽，穿黄袍。三月十八日这天，京师各个戏院都要停演，所有伶人都要前往喜神殿祝寿，焚香，跪拜，吃寿面，有的还要问卦，卜票房生意和个人前程。谢振定在翰林院的时候，来到东岳庙，来到喜神殿，才知京师的喜神，就是长沙老郎神，京师的喜神殿，就是长沙的老郎庙，京师的伶人节，就是长沙的老郎庙会。

为什么称唐玄宗为老郎呢？梨园界是这么传说的。唐玄宗擅长音律，酷爱戏曲，曾选伎子三百，教于梨园，发声有误，必被发现并予纠正。梨园演戏之时，唐玄宗技痒难止，也会登台演出。皇上不犯戏规，演出时自称三郎，伶人不忘尊卑，称皇上为老郎。老郎神即由此而来。后来，谢振定与友人谈及此事，才知外省如吉林、成都、苏州等地都称老郎神，只有京师称喜神，原因不明。

京师戏院多，伶人多，名角多，捧场的人更多。在东岳庙所有的这个会那个会中，优伶会那天是人数最多、最热闹的。原本大体均匀的人流，从早晨开始，会从北、西、南、中往东流动。

谢振定早在十多天前就部署了，修缮街道，清除路障，今天更是察院所有人员全部上阵，在朝阳门、朝阳门大街、朝阳门北小街、朝阳门南小街、东直门南小街、东四牌楼大街、东单牌楼大街、崇文门大街等交叉口，维持秩序。因察院、兵马司人手不够，便与步军统领所属东营守备署联系，请守备署派出一百兵丁上路；又与北城察院衔接，请他们维持东直门、东直门大街及以北街道的通畅。谢振定乘坐马车走了一圈，看到所有人员都按要求到岗到位，道路通畅，内心非常高兴。

午饭时分，便陆续有人离开。

太阳偏西，进朝阳门往回走的人多了。大街上又挤满了人，熙熙攘攘的。

约莫一个时辰后，人又少了，只是三三两两的，街道又显得空旷起来。

礼亲王、昭梿乘车经过朝阳门大街，在东四牌楼看见谢振定，下车，闲聊几句，上车走了。

谢振定想，再过一刻两刻，自己也可走了。

太阳软软地挂在西边天际，很快就要落山了。

谢振定准备回家。

忽然听到“哎呀哎呀”的叫声，谢振定循声望去，只见一驾马车从东四牌楼大街飞速驰来，撞倒了几个货担和行人。

一名捕役站到街中，扬手，示意停车。

那驾马车并未减速，直冲而来。

捕役倏地闪到街边，但背上还是挨了一马鞭。

谢振定立马令车夫把自己的车横到街中。

谢振定的车夫也挨了一马鞭。

“好狗不挡路。”那驾车人咆哮一声，啪啪啪，又是几马鞭。

车还是停下了，因谢振定的车挡在那里。

谁这么大胆，这么横蛮，这么嚣张？谢振定迅即走到那车前面，对驾车人厉声喝道：“下来！”

那驾车人两眼望天，并不下来。

“揪下来！”谢振定瞟了一眼身边的捕役。

两名捕役走到车前，扭住那驾车人。

驾车人被拖下来了。

“跪下！”谢振定轻声喝道。

驾车人不跪。

“跪下！”谢振定再次喝道。

两位捕役用手一按，那驾车人跪下了。

“你怎么打人？”

驾车人不理睬。

“谁要你打的？”

驾车人回头望望他驾的车，嘴角露出一丝笑意。

谢振定便望着那车。

一名捕役上前拉开车帘。

里面坐着一位二十岁左右的年轻人，眼睛微微闭着，从头到脚都散发着一股傲气。

“下来！”谢振定喝道。

年轻人不理不睬。

“下来！”谢振定再次喝道。

年轻人还是不理不睬。

“下来！”谢振定加重了语气。

“你说谁？”年轻人终于开口了，声音不大。

“我说你。”年轻人虽未睁开眼睛，谢振定还是一脸严肃。

“你是谁？”年轻人轻轻从牙齿里挤出三个字，傲慢已极。

谢振定没有立即回答。两名捕役站在车前，望着谢振定。谢振定看看四座牌楼周围，已经挤满了人，不下三四百吧。满御史恒溥，兵马司指挥、副指挥、吏目，还有几十名捕役，都集中到了这里。

“巡城御史谢振定。”谢振定微微一笑，语气非常平和。

“啊！”年轻人微露笑意，眼睛也睁了一下，“从五品官啊，也不容易。你还想当吗？”

“想当怎么样？不想当又怎么样？”谢振定笑道。

“想当，就道声歉，让我走。不想当，就随你了。”年轻人语调陡地升高了。

“我当然想当。”谢振定语气还是那么平和，“不过，能不能当，我说了不算，你说了恐怕也不算吧。”

“我说了当然不算。”年轻人说，“但车主说了算。你知道这是谁的车吗？”

“八抬大轿，绿呢车围、大红拖泥，大学士、军机大臣坐的呢。”谢振定疑惑道，“不过，大学士、军机大臣有十来人啊！我怎么知道这车是谁的呢？”

“还镶了十三块玻璃，你没看见吗？”年轻人嘴角微微一笑。

“看见了，没有数块数。数了也不知道啊。”谢振定还是不温不火。

“那我就告诉你吧。”年轻人说，“法兰西进口玻璃，珍贵！只有王、公才能装配十三块玻璃，侯爵、伯爵都只能装十块以下。这是一等忠襄公和珅和公的车。”

“哦，哦——”谢振定笑着哦了两声，“那你是和公的什么人呢？”

“你不需要问我是和公什么人，只要知道我可以坐和公的车就可以了。”年轻人口气更傲慢了。

“我很想知道呢。”谢振定说。

“他是和公的内弟。”那驾车人说。

“哦，哦，”谢振定笑道，“失敬失敬。”

年轻人闭着眼睛，嘴角却露出笑意。

这时，围观的人更多了。有人在窃窃私语，但又能让谢振定听见。有些话实在难以入耳。谢振定原想把人带回察院的，现在看来，恐怕只能现场处理了。

“不过，我还是不懂，”谢振定语气还是那么平和，“镶了十三块玻璃的车，只有王、公才能坐。你怎么可以坐呢？”

“和公要谁坐，谁就可以坐。”年轻人睁开眼睛，和颜悦色，看来他心态也很好了。

“哪里规定的？”

“和公规定的。”

“和公还规定，坐十三块玻璃车的人可以打人吗？”

年轻人没有回答，又闭上了眼睛。

“坐十三块玻璃车的人，可以打人，谁规定的？”谢振定稍稍加重了语气，“和公吗？”

“少啰唆！”年轻人不耐烦了，“我再说一遍，你这个从五品官，还想当吗？”

“我也再说一遍。”谢振定声音不大，但很坚决，“我这个从五品官，能不能当，我说了不算，你说了恐怕也不算吧。”

“我说了不算，但和公说了算。”年轻人很不耐烦地咕噜了一句。

“和公说了，应该可以算。”谢振定提高了声调，“但是，那是今天以后的事了。今天的事，必须今天了结！”

年轻人睁大了眼睛。

“你刚才说‘随你’，我也不听，我不随我，我随规矩来。”

年轻人那睁大的眼睛一直睁着，又张大了嘴巴。

“下来！”谢振定陡地厉声喝道。

年轻人不动。

“揪下来！”谢振定努了一下嘴角。

两名捕役迅即把年轻人逮了下来。

“跪下！”谢振定喝道。

年轻人不跪。

“跪下！”

年轻人还是不跪。

两位捕役用手一按，年轻人跪下了。

场子里响起了稀稀落落的掌声。

谢振定按规讯问，但那年轻人不怎么开口，即便姓氏，也一会说姓王，一会说姓宋。问他撞翻摊担、撞倒行人怎么办，为什么要驾车人用马鞭打人，他一概不予回答。

“四十大板。”谢振定下令。

两名捕役举起了竹杖。那杖责专用的大竹板，长五尺五寸，大头宽二寸，小头宽一寸五分，还不到二斤重，但打在屁股上，也够难受的。

“别打。我交银子。一板十两银子。”年轻人偏头望望，求饶了。

“打板子还可用钱代？不行。”谢振定不同意。

“怎么不行？”年轻人急忙说，“大臣犯罪，还可交议罪银免罪。我一个平民，怎么不能用钱免板子？”

“你说的有一定道理。”谢振定说，“但在我这里不行。”

捕役举着板子，望着谢振定。

谢振定下令：“打！”

捕役把年轻人按倒在地，板子打在屁股上，啪啪作响。

年轻人哎呀哎呀地叫。

掌声比板子声哎呀声更响亮。

啪啪啪啪，四十大板，很快打完。

捕役把年轻人扶起，解开他的裤子，让他露出屁股。谢振定见那屁股，只发红，未破皮，便转过脸去。察院捕役打板子是有规矩的，既不能伤骨，又不能破皮，更不能皮开肉绽，却要把肉打烂，必须卧床一两个月才能治愈。

“这个呢，怎么办？”捕役望了望那驾车人。

驾车人在瑟瑟发抖。

“二十板吧。”谢振定笑笑。

又是啪啪啪啪。

“站起来！”谢振定喝道。

驾车人身子动了动，才缓缓站起来。他活动活动身子，扶着那年轻人，往车旁走去。

“慢！”谢振定说，“这车，被你们两个瘪三玷污了，和公不能再坐了。烧掉吧。”

“烧？”捕役望着谢振定，一脸疑惑。

恒溥也呆望着谢振定。

“您说呢？”谢振定轻声问道。

“烧，烧车！”人群中有人呐喊。

“您定吧。”恒溥轻声说。

“烧！”谢振定大声命令。

“烧，烧车！”人群中还在呐喊。

不知是谁，弄来一些容易着火的松针、枯枝，甩在车内。一位捕役点燃了松针。镶了十三块玻璃的绿呢大轿着火了。很快，熊熊大火，映红了人们的笑脸，映红了交叉道口四座牌楼。

掌声、感叹声、喝彩声，经久不息。

不断有人往火上添点柴草什么的。

火，噼噼啪啪，熊熊燃着。

不断有人加入围观的队伍，总要问：“烧什么？”便有先到的知情人自豪地回答：“烧车。镶了十三块玻璃的八抬大轿呢。”“这么好的车，为什么要烧掉呢？”“车子横冲直撞，车夫还打伤人了呢。”“这么嚣张啊。谁的车子？”“和珅，和大人的。”“哦，难怪。难怪。”“烧车的是谁？”“巡城御史呀，巡城御史谢振定。”“这谢振定真是胆子大，想不到还有这样的好御史啊！”

火，终于熄灭了。

立即有人在灰烬中寻找玻璃，可玻璃都炸裂了，连声说：“可惜，可惜。”

谢振定、恒溥一直等到围观的人员散尽，才乘车离开。

谢振定烧车的故事很快传遍京师。大街小巷，都在议论这事，自然是一片叫好声。谢振定无论走到哪里，都有人指指点点，投以钦敬的目光。有人不知道谢振定的姓名，传来传去，便传出了一个烧车御史的外号。熟悉的人，更多的是为谢振定担心。就连刘墉看见谢振定，也是摇头叹息，一脸关切之情，要他慎重，慎之又慎。昭梿又为谢振定算了一卦，仍是否卦；还为他到东岳庙抽了一签，是下下签，四句签语是：出将入相显奇才，说得准来心内灰；早知青云不易上，不如稳坐钓鱼台。谢振定听着心里就烦。管世铭告诉谢振定：有人说，钱沣是被毒死的呢。谢振定摇头，他不相信钱沣是被毒死的，他想，人心应该还没那么坏。管世铭的说法，张士元也在外面听到了，并且不经意间告诉了君美。君美又告诉蔺然。两个女人很是担心，好像那样的事，就会发生在谢振定身上似的，看见谢振定回来，一个唉声叹气，一个泪眼汪汪。谢振定的情绪不可能没有影响，但总体还好，自身做事自身当，该来的总会来，害怕又有什么用呢？

南羊肉口那王姓妇人又来了。因事涉工部郎中，朝廷正五品命官，谢振定约满御史恒溥及吏目去了一趟南羊肉口。邻居都为那妇人讲话，说戴世仪心太坏，经常骂那妇人是婊子，前天还把一些大粪倒在妇人的房门口。

回到察院，两人商量，觉得应该把情况奏报皇上。刚拟好初稿，两人正在斟酌用词，纪晓岚提着根长烟杆、铁青着脸进来了。谢振定还是第一次看到纪大人这么生气，知道大事不妙，忙强装笑脸，请纪大人坐。

“不坐了。”纪晓岚厉声说，“恭喜你，你被人弹劾了。”

“谁？”谢振定一脸茫然。

“王钟健。”

“王钟健？”谢振定以为听错了。

“是的。王钟健！”

没有听错，是王钟健。谢振定蒙了：“这个王前辈，还送过大同黄花给我呢，还经常和我一起喝酒呢，真是，真是……”呆了片刻，谢振定才又问：

“什么事弹劾我？”

“还记得管世铭请客，你念《否卦·象辞》吗？”

谢振定点了点头。

纪晓岚说不坐，还是坐下了，说：“王钟健说，你表面上是讽刺刘墉，实际上是讽刺整个朝廷，矛头直指皇上。他说，你的言外之意，是说我们朗朗大清，天地不交，万物不通，上下不交，天下无邦，小人道长，君子道消。”

“啊——”谢振定一屁股顿在椅子上，蒙了。

“皇上准了？”良久，谢振定才蒙蒙地问。

“准了。”纪晓岚说，“嘉庆帝说你身为御史，信口开河，妄议朝廷，实属无能，有失官体，不胜御史之任，著即革职。”

“其实，”谢振定自顾自地笑道，“我是明知故问。这就是自欺。皇上没准旨，纪大人会这么生气吗？会这么急匆匆赶来吗？”

沉默。

连空气都凝固了。

“嘿，嘿！”恒溥咳了两声，说，“这个王钟健，老想着巴结和大人，终于攀上了。”

“您也知道？”谢振定苦笑道。

“怎么不知道？”恒溥说，“他亲口和我说的。还希望我能搭桥呢。”

纪晓岚吧嗒吧嗒地抽烟。

“纪大人，我想清了。我觉得不丢脸，也没为您丢脸。”谢振定笑道，他完全回过神来了。

“不丢脸，一点也不丢脸。”恒溥竖起大拇指，说，“芗泉，今晚我请客。铁门酒楼吧。东城兵马司指挥、副指挥、吏目，察院的书吏，都参加。芗泉，你还请些什么朋友，请你通知。”

“好。”谢振定说，“谢谢恒溥大人。”

“纪大人，”恒溥说，“希望您老赏脸。”

“我就不参加了。”纪晓岚笑着回绝，他的情绪也稳定了。

谢振定看到那道关于戴世仪情况的奏折，说：“这折，我还能上吗？要么，恒溥大人您一个人上吧。”

“应该可以上。”恒溥望着纪晓岚，“纪大人，您说呢？”

纪晓岚问了情况，说：“应该可以上。不过，还是恒溥一个人上为好。你可以写上和谢振定一起现场考查。”

“好！”恒溥点头应允。

“我要走了。”纪晓岚站起来，走了几步，又回过头说，“芗泉，还是告诉你吧。搭帮你，皇上给了我一个特殊评价。”

“皇上怎么评价您？”

“皇上说：纪昀读书多而不明理。”

“那就真的对不起您老人家了。”谢振定满脸歉意。

纪晓岚笑道：“也许皇上早有这个想法了吧。”说完便走。看来他也不太在意了。

两人把奏稿文字确定好，尚未誊写，昭梿来了，他是听到风声来的。寒暄几句，谢振定便要他去喊管世铭、张士元等到铁门酒楼喝酒。

晚上两桌，东城察院一桌，其他朋友一桌。

恒溥来了一个开场白后，管世铭端着酒杯站起来，说：“今天谢公芗泉革职了，晚上聚会，可惜王公钟健没有来。谢公你一向豁达，这次革职呢，也不要悲观。王公呢，也不要高兴。我看呢，这次王谢二公，各有所失。”

“各有所失，失什么呢？”昭梿笑问。

管世铭说：“谢公失官，王公失名。失官之患，不过一身。失名之患，致传千古矣。”

“妙哉，妙哉。”

噼噼啪啪，掌声响起来。

管世铭说：“所以，今晚，大家都要敬谢公芗泉的酒。芗泉不必回敬。”

“好！好！”

便都敬谢振定的酒。

谢振定来者不拒，喝得差不多了。

忽然，门外有人高声念叨“好诗，好诗”，接着便有人推门而进，原来是舒位，看来喝高了，一脸傻笑，也不看人，举着个酒杯，长一步，短一步，歪歪扭扭，走了进来，嘴里叫道：“好诗，好诗！”

昭梿连忙站起：“什么好诗？”

舒位说：“芗泉，芗泉写了一首绝妙好诗啊！”

谢振定立马站起。

“你是说？”昭梿疑惑。

“你不懂诗。芗泉懂。”舒位歪到芗泉身旁，“来，芗泉，敬你一杯。”

两人举起杯来，叮咚一声，仰起脖了，咕噜咕噜，干了。

“这诗啊！类似于骆宾王的《讨武曌檄》，擂响了讨伐的战鼓啊！”舒位侧耳，做倾听状，“咦——，你们听，听到了战鼓声吗？”

众人皆笑而不语。

“好诗啊，好诗！孔庙那个对联怎么能比呢？”舒位望着谢振定，傻笑一阵，才说，“您写了那个对联，就进入了一百单八将，但排在一百名之后，极有可能就是垫底。写了这首诗呢，肯定进入前一百。初定你的位置呢，是铁胳膊，铁胳膊蔡福，铁胳膊谢芗泉。哈哈！厉害，厉害啊！”

谢振定说：“铁云，谢谢你。我回敬你一杯。”

“好的。你当然要回敬。”舒位喝醉了，傻笑着。

两人又干了一杯。

“您这诗，本就精彩。”舒位说，“一革职，就更完美了。天助芗泉也。你将名垂青史。你运气真好。祝贺你。来，再干一杯。”

谢振定未再说什么。

两人又干了一杯。

谢振定烂醉如泥，怎么回家的都记不清了。

睡在床上，谢振定梦见了香岩，梦见了远在江宁的香岩。他和香岩骑在马上，沿着运河一路狂奔，蓝天白云下，只见帆影片片，不见一个纤夫，香岩双手紧紧地箍着他的腰，他急速地扬鞭催马，一路狂奔，狂奔，酣畅淋漓地狂奔，不知是飘飘欲仙呢，还是飘飘欲死。

醒来，起床，揉揉眼睛，快中午了吧，走到外面，却见蔺然在洗衣服。

看见谢振定，蔺然脸上飞起一朵红云。

夫人君美出来，凄然一笑，说：“翰宣来了半天呢。”

谢振定立马走进客厅，和张士元打招呼。蔺然泡来一碗面，辣辣的，很是好吃。吃完面，君美进来了，坐着一起聊天。

张士元说：“师母想回老家住呢。”

谢振定便望着君美。

君美说：“革了职，没有收入，又没有积蓄，只怕房租都交不起。我想，还是回湘乡乐恺堂住算了。”

谢振定说：“我还没想这事呢。”

君美说：“住到老家，开支少些，也安全些。”

谢振定便又望着张士元。

张士元说：“开支放到一边不说，老家肯定安全些。”

谢振定笑道：“那你也是赞成我住到老家去。”

张士元点了点头。

谢振定又望着蔺然。

蔺然说：“我没意见，反正跟着叔叔、叔母。”

谢振定说：“老家也不是说回去就可回去的。落魄回乡，我不在乎。虽然革了职，但不愧对祖宗，不愧对乡亲。关键还是生活问题。父母亡故了，兄弟都在外面。老家只有几间房子了，可能也已破烂不堪。这么住回老家乐恺堂肯定不行。我在长沙岳麓书院、湘乡涟滨书院读过书，丁忧时在常宁双蹲书院任过教。我想，总要哪个书院请我回去任教，才好回去，生活才有着落。”

张士元说：“恩师讲的也是。”

“不要太着急了。”谢振定笑道，“目前外面还不知我革职了。一两个月之后，肯定有书院请我任教。这点自信我还是有的。”

张士元说：“如有教职，我还是跟着恩师走。”

谢振定说：“如果我到江南任教，你一起去也未尝不可。如我回湖南任教，你就不必跟着去了。”

张士元说：“到时再说吧。”

蔺然说：“我反正跟着叔叔、叔母走。”

君美说："早定下来才好，心里总不踏实。房租都要五两六钱银子一月呢。"

谢振定说："莫急在这几天吧。先把车夫辞了，马、车卖了。翰宣，你处理一下马和车吧。"

"好。"张士元问，"价格呢？"

谢振定说："你看着办吧。"

二十二

磨蹭到巳时过半，君美、蔺然终于出了家门，等候在外的谢振定、张士元便上了车。四辆黄包车，从上斜街乐恺堂出发，驰往内城。他们将去东斜街酱房胡同口礼亲王府，参加昭梿的拜师典礼。

昭梿将拜谢振定为师。

其实，礼亲王早在前年就有此想法，并郑重提出，当时，谢振定没有答应。如今，至少可谓恰逢其时了。

最为高兴的，还不是礼亲王，也不是谢振定，而是君美。正在君美忧心忡忡时，礼亲王亲自来到乐恺堂，请求谢振定当昭梿的老师，并要举行拜师大礼，谢振定尚未说话，君美就眉开眼笑感谢礼亲王厚爱了。君美原本完全不管这些事的，这次真的有点害怕，才这样表现积极。当昭梿的老师，有礼亲王护着，不仅生活有了着落，更重要的是安全有了保障。礼亲王是八大铁帽子王之首，乾隆爷、嘉庆帝都要礼让三分的，谅那人也不敢对谢振定怎么样了。所以，当礼亲王请君美出席拜师礼时，从不出门的君美，就一口答应了。张士元告诉他，拜师礼上，师母和老师一样，要坐在上首的。君美便又不想参加了。张士元好说歹说，谢振定也在旁帮腔，她才又答应。

二刻时光，谢振定一行便到了礼亲王府。

谢振定走进大堂一看，礼亲王、纪晓岚、盛住、恒溥、管世铭等都已坐在那里了，忙抱拳作揖：“抱歉，抱歉。内人磨磨蹭蹭，迟到了。”

谢振定看见盛住，颇感意外，知是礼亲王有意安排，很是感动。他与礼亲王、纪晓岚打过招呼，特意和盛住多说两句。“国舅大人日理万机，亲自出席，荣幸之至啊！”谢振定拱了拱手。盛住说：“礼亲王家有喜事，特来祝贺啊！”望望礼亲王，又说：“芗泉大人，盛住很佩服的。”

礼亲王和管世铭之间，有一空位，谢振定便在那里坐下。管世铭拿出程序单，请谢振定过目。谢振定原本不想举行什么仪式，礼亲王坚持，谢振定才答应，但要求简单一点。一看，还是有十项，想想，砍去一半，如主持人介绍老师和门生及见证人情况；门生向老师敬献拜师茶，改口叫老师；门生向老师献上六礼束脩，即芹菜、莲子、红豆、红枣、桂圆和腊肉干等。原来仪式中有三次三跪九叩礼，一是开初老师向孔圣人行三跪九叩礼，二是门生向老师行三跪九叩礼，三是确定关系后老师带门生共向孔圣人行三跪九叩礼。谢振定说，诚意在心，改为两次鞠躬礼吧，一次是师生共向孔圣人行鞠躬礼，一次是门生向老师行鞠躬礼。管世铭说：“行鞠躬礼，行吗？”谢振定说：“怎么不行？商代开始，一直行鞠躬礼，三跪九叩礼，才一百多年。”管世铭便说：“好，好。”礼亲王坚持门生向老师必行三跪九叩礼。谢振定说：“那就一跪三叩吧。”

都定好了。管世铭喊来昭梿，当着礼亲王、谢振定一一讲明。昭梿频频点头。

谢振定站起来，走到君美身边，也交待了几句。

午时一到，仪式正式开始。

见证人坐在大堂两边，中间空着。

管世铭站起，走到左方靠前位置，扯开嗓子，大声宣布仪式开始，他没作任何介绍，直接进入程序，高声唱道："请老师、师母就位。"

谢振定便拉着君美，走到大堂前面神龛下，太师椅前。谢振定在左边椅子落座，君美在右边椅子落座。君美呆呆的，有点不自在。蔺然望着她笑，还做了一个鬼脸。君美看见，微微一笑，就自然了。

管世铭见两人已坐好，便又唱道："门生就位。"

昭梿便走到大堂正中位置，肃立。

管世铭："礼拜大成至圣先师。"

神龛上早就挂上了孔圣人画像。谢振定便和君美站起，转过身子，昭梿往前走了几步，站在后排。三人恭恭敬敬向孔子画像三鞠躬。然后各回原位。

管世铭："投拜师帖。"

昭梿双膝跪下，三叩首，拿出拜师帖，念道："弟子昭梿，久慕谢芗泉先生品行高洁，学识渊博，愿执弟子礼，跟随先生学习，敬请纳归门下。谨具名帖，恭敬拜师。"说罢，站起，把拜师帖举过头顶，走到谢振定面前，双手奉上。谢振定站起，双手接过。昭梿退回原位，肃立。

管世铭：“老师回承、训话。”

谢振定便拿出回承帖，念道：“汲修世子聪慧好学，愿拜振定为师，吾欣然应允，纳为入室弟子。振定与汲修相识多年，彼此甚为了解。振定才疏学浅，且无育才经验。然弟子不必不如师，师不必贤于弟子。愿汲修世子勤奋学习，博采众长，青出于蓝而胜于蓝。”

昭梿上前，双手接过回承帖，鞠了一躬。

管世铭：“见证人致辞。”

张士元作为门生、纪晓岚作为长辈、盛住作为宗亲、礼亲王作为家长，分别讲了话。他们四人讲话，比前面几项议程的时间都长，但整个仪式也就两刻时光。几个参加过拜师仪式的人，都说这次是最简略的。

午餐摆了四桌。礼亲王、纪晓岚、盛住、管世铭、恒溥、谢振定、昭梿等坐在一桌。礼亲王坐了左边上座，安排谢振定坐右边上座，纪晓岚、盛住坐一二席。谢振定不坐。礼亲王说：“怎么不坐？今天，你地位特殊。天地国师亲。你是师啊！”谢振定说：“还有国呢？”管世铭说：“芗泉，恭敬不如从命。要说国，本桌也只有礼亲王能够代表。亲王安排了，你就坐吧。”礼亲王说：“我也不能代表。我是家长。家长安排了，芗泉，坐吧。”

谢振定很不情愿坐了右边上座。纪晓岚却又不肯坐一席，说侯爷在，只能侯爷坐。礼亲王说：“你年龄大，资格老，我家长安排了，你就坐吧。”纪晓岚还是站着。盛住只是笑笑，也不说话，就在谢振定旁二席位置上坐下了。纪晓岚也就不再客气，在礼亲王旁一席位置上坐下。盛住正月封了侯爵，地位远在纪晓岚之上，纪晓岚如不客气两句，不太妥当。

酒过三巡。昭梿开始一个一个敬酒，自然先敬老师。谢振定估计今天又会喝醉，便想趁昭梿敬酒，当着礼亲王，说几句有关教学的话。谢振定说："昭梿，你不学制义，不学古文，不学诗词，真不知教你什么。"管世铭说："芗泉是《四库全书》，昭梿你想学什么，问就是了。"众人皆笑。谢振定说："别开玩笑。"礼亲王说："虽然不学制义，还是要以'四书五经'为主。"谢振定点头，过了一会，又对昭梿说："我会开一个书单，也会讲解一些要点难点，还会偶尔考考你。关键靠你自己。你有什么疑问，尽管问我。我虽不是《四库全书》，但会倾囊相授。"礼亲王说："如此甚好。"

"好。喝酒吧。"管世铭站起来，端着酒杯，说，"得天下英才而教育之，不亦说乎？芗泉，我真羡慕你。来，敬你一杯。"

"谢谢。"谢振定也就端着酒杯站了起来。

渐渐，喝酒进入高潮。

谢振定又喝得酩酊大醉。

谢振定每天读书、写字，间或教教昭梿，如果兴峣、兴峘在家，也一起参加，有时讨论甚或争论，惊动了君美、蔺然，她俩前来看个究竟，竟也静静旁听。不知是因为父亲官场受挫呢，还是因为父亲和他们在一起交流多了，兴峣、兴峘好像忽然懂事了，竟然学业大进。塞翁失马，焉知非福？真是。

谢振定还是像以前一样，和朋友们一起喝酒，吟诗作赋，日子过得很是滋润。朋友称他“视弃五品官犹弃敝屣也”。因为烧车，因为革职，谢振定还结识了一些仰慕他的新朋友，可谓意外的收获。一位钱沣家乡的尤姓朋友，仰慕谢振定，从云南赶到京师，盘桓数日，在铁门酒楼喝得烂醉，然后赋诗一首，送给谢振定，称他“嫉恶心犹在，休官道乃光”，写得真好。

王钟健终于如愿以偿，不久即出任浙江金衢严道。都察院一个资深的正五品官员，到外省任一个正四品的道员，本来平常得很，但因王钟健是弹劾谢振定而出任的，官场便有很多传言。最普遍的说法是，王钟健处心积虑巴结和大人，怎么也靠不上，搭帮谢振定，终于靠上了。还有人说，过不多久，王钟健就会回到朝廷，至少是三品，甚至直接任二品官呢！也有人说，皇上对王钟健的擢升并不满意，还说过“都察院堂官滥行保举，吏部堂官，胡乱铨选”之类的话，不知是否属实。一天午后，谢振定在天安门前遇到王钟健。其时，谢振定心态已完全平复，竟没事一般拱了拱手：“王前辈，祝贺啊！”语气里没有怨恨、没有揶揄。王钟健多少有点尴尬，呆了一瞬，才说：“芗泉，我知道你恨我，也不祈求你原谅我。不过，不管你相不相信，我都要告诉你：我不弹劾你，别人也会弹劾你。你得罪了和大人，绝对会被撤职。”谢振定一愣，连忙说：“相信，相信，谢振定相信。”

谢振定参与但没有署名的那道奏稿也有了结果。嘉庆帝谕旨：工部郎中戴世仪，逼嫁兄妻，侵吞家产，刑部审讯得实，著将戴世仪从重发往新疆，效力赎罪。谢振定想，也算了却一桩事情吧，如果还在任上，应该再去南羊肉口回访一次，如今没有必要了。

谢振定烧车并被革职的消息传开后，陆续有朋友来信问候，邀请前去任教或游玩。

湖南的朋友及地方官，纯粹是邀请他回家乡任教，包括他上学的长沙岳麓书院、湘乡涟滨书院，任过教的常宁双蹲书院，还有湘潭的昭潭书院、衡阳的石鼓书院。谢振定感到很是温暖，他一一回信，详细介绍自己的情况，表示感谢。

江南的朋友，江宁的袁枚、京口的王文治、扬州的曾燠、淮安的郭大昌等，还有自己的几个同年和门生，都写信来，邀请谢振定再游江南。袁枚在信里说，近来身体不是很好，和朋友见面，是见一次算一次了，谢振定革职，是上天安排他俩再见一次面。悲观的语调里，流露出真挚的感情。王文治则非常乐观，来信说“谢公虽黜，益足增吾辈之重”“不为公惜，且为公庆”。真是令人感动。这些信，张士元、昭梿大多看了，两人都建议谢振定再做一次江南之游。

十月，富纲被判死刑，皇上勾决。

同时，易容一案也有了结果：共处罚近二十人。其中易容杖一百，在省先行枷号三个月，发往新疆充军；金老四、李玉山、朱超宗各杖一百、徒刑三年；陈念曾杖九十、徒刑二年半。

听到这些消息，不知什么原因，谢振定心情不是很好。

这时，浙江布政使谢启昆、学政阮元来信邀请前往游玩，谢振定真的动心了，找来张士元、昭梿商量。昭梿是肯定去，礼亲王也很乐意。问题是张士元去不去呢？张士元也想去，但钱成问题，吃住肯定不需花钱，但总不能再要礼亲王发工钱吧，加之出去时间长，谢振定家人还需要照料，张士元还是不去算了。

十一月初一日，是个黄道吉日，谢振定和昭梿，带一名书童，乘马车出了京城。直到次年十月，他们才又回到京师。

此次吴越之游，昭梿感慨良深。他对礼亲王和其他朋友多次说过：和老师出去，真是有面子，长见识。每到一地，总有人在码头、在路口迎接，年纪最大的八十多岁，最小的也就二十岁左右。一些年轻士子，以为老师提过木屐、拿过拐杖为荣。酒痕墨沈中，如能获只字片纸，则珍为拱璧。“老师这样的人，凭其人品才学，不需到朝廷任职，一样过得舒服，甚至更为洒脱。我家不请他，多的是人请。以前有人说是您关心他，您也确实关心他，现在我看，我们还是近水楼台先得月呢。”昭梿几次对父亲这么说。礼亲王总是颔首称是。

这年京师的变化好像不是很大。只是苏凌阿如愿以偿，成了东阁大学士，兼署刑部尚书。

嘉庆三年中秋过后的一天，兴峣、兴峘未去学堂，谢振定请张士元、昭梿来家吃中饭。照例，先在知耻斋探讨学问。兴峣已经二十一岁，兴峘也已十七岁。他俩喜欢询问一些“四书五经”上的问题。昭梿呢，谢振定开的书目当然包括“四书五经”，但他目前只对《易经》感兴趣，专门钻研《易经》。谢振定觉得这也未尝不可。

“老师，您烧车、革职前后，我为您起了三卦，都是否卦，您认为我起的卦算准吗？另外，怎么破解否卦？”昭梿抛出了他的问题。

谢振定想，昭梿对《易经》中那些起卦、预测等神秘部分很感兴趣，而这方面，恰恰是自己认为并不重要的东西，因而也就成了他的弱项。固执于象数，会走入歧途。原来，好像不便明说，谢振定只是反复强调义理的重要性。现在看来，说理也好，霸蛮也好，无论如何要把他引到义理上来才行。

谢振定说："你起的卦，三次都是否卦，我反复想了，应该是准的。"

昭梿嘴角露出一丝笑意。

谢振定又说："其实，在清江浦，郭大昌也聊到过泰卦否卦。他说，由泰到否，易如反掌；由否到泰，难之又难。说不定那时他也为我起过卦，可能也是否卦。"

笑意在昭梿脸上荡漾开来。

"但是，"谢振定话锋一转，说，"荀子说，善《易》者不占矣。人只有在前途未卜、心中无底时，才去占卦。占到的卦，无非也是为你提供可能出现的若干可能中的一种，而且不一定准确。印证了就准确，没有印证就不准确。孔子也说过，他占一百次，可能有七十次准确。这已经非常高了。所以，你们一般不要去占卦，也不要为别人占卦。"

昭梿脸上的笑容不见了，与张士元、兴峣、兴峘一样，凝神静气地听着。

"《易经》的高明之处，"谢振定接着说，"就是无论你占到什么卦，都能够为你提供一种相对有利的选择。如果你占到泰卦，就认为好运来了，高枕无忧，无所事事，甚至胡作非为，这样肯定不行。如果这样，就如郭大昌说的，由泰到否，易如反掌，厄运马上到来。如果你占到否卦，你就认为运气不好，悲观丧气，做一天和尚撞一天钟。这样也肯定不行。如果这样，你就永远否下去了，甚至越来越否。所以，如果占了卦，关键看你如何理解，如何应对。”

张士元、昭梿、兴岐、兴峘都微微点头。

谢振定找来一张纸，并排画了两个卦：

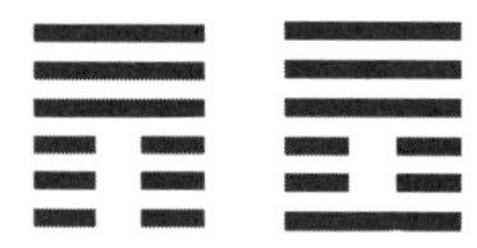

谢振定指着卦说：“前面的卦，就是否卦。否卦好不好呢？当然不好。乾上坤下，阳气上升，阴气下降，天地不交，当然否了。怎么办呢？《否卦·象辞》告诉我们：‘君子以俭德辟难，不可荣以禄。’也就是我们必须坚持勤俭节约的美德，以避开危险与灾难，而不能去谋取高官厚禄和荣华富贵。我巡漕回来，本有可能擢升，不但未升，反被革职，否啊！怎么办呢？只能以俭德辟难。昭梿问怎么破解否卦。这就是破解的第一步，最基本的一步。当然，还有第二步、第三步，个人理解不同，采取的态度和措施也不同。我的理解，那就是在以俭德辟难的基础上，引入刚强。这就变成后面那卦，无妄卦。无妄卦就是由外来之刚入否卦形成的。《无妄卦·象辞》曰：‘刚自外来而为主于内，健而动。’一刚爻从外而来，入主于否卦内卦，健而动，遂成无妄卦。一个人能做到勤俭、刚强、无妄，就至少比较安稳了。不知我讲清没有。”

“讲清了。非常深透。”张士元感叹道，“我第一次感到这么明朗。”

昭梿说：“老师，我再也不敢起卦了。还是老老实实学义理吧。”

“我再多讲几句。”谢振定兴致来了，眉飞色舞讲了起来，“《易经》是群经之首，亦是群经之源，博大精深，其精髓各有不同概括。我认为，就是四个字，上止正中。你们看，乾卦，‘天行健，君子以自强不息’；坤卦，‘地势坤，君子以厚德载物’，等等，都是上，上进，再上进。一个人没有上进心了，就没有进步了，停滞了，甚至会倒退、堕落。但一个人不可能永远上，地位也好，财富也好，不可能永无止境，肯定有一个止的地方。《周易》至少有三卦是讲止的。我们还可结合‘四书’来理解，适可而止、止于至善、知止而后定等等。正，好理解，就不多说了，正直、正派、正气、正道等等。中呢，理解有点难。简单说，就是不偏不倚，恰到好处。《周易》六十四卦中的第二爻、第五爻，属于中位。仔细体会，中比正更高一层次。正未必中，中则无不正也。《周易》中，中正、中道、中行、得中等用词很多。如《观卦·彖辞》就说‘中正以观天下’，离卦、蛊卦、解卦、夬卦的爻辞，都有‘得中道也’之语。《中庸》源于《周易》。《周易》中的中正、太和，实为《中庸》之纲。不多说了，慢慢琢磨吧。”

“言简意赅，醍醐灌顶也。”张士元感叹道。

“是，是。”昭梿一个劲地点头。

“父亲，我请教一个问题。”兴峣说，“还是关于《中庸》的

‘中’字的理解问题。程子说：‘不偏之谓中。’朱子说：‘中者；不偏不倚；无过不及之名。’朱子在程子‘不偏’的基础上加了一个‘不倚’。但朱子在《中庸》第十章解释‘中立而不倚’时，加注‘倚，偏着也’。也就是说，‘倚’也是‘偏’。那么，不偏不倚不就是同义重复吗？朱子这样的大儒，会犯这样简单的错误吗？我不理解。请父亲指教一二。”

兴峣提问时，谢振定一直微微笑着。兴峣提完问后，谢振定就笑得更加厚实了。“好，好！”谢振定赞叹道，“兴峣能提出这样的问题，就说明你书读进去了。我讲一讲我的看法，也不一定正确。我赞成朱子的解释，并且，不偏不倚不是同义重复。关键是对‘倚’字的理解问题。确实，‘倚’有偏之义。但对于‘倚’字，《说文解字》只有一个义项，就是‘依也。从人’。你们看，多简洁。倚，就是依靠。不倚，就是不依靠。一个人，要凭自己之力，立足于世，堂堂正正，而不能依赖任何人，任何力量，也就是《中庸》说的‘中立而不倚’。朱子还说：中立最难。也就是说，‘不倚’最难。反过来说：‘倚’最容易。那我们为什么要做最难而不做最容易的事呢？也就是说，为什么要‘不倚’呢？很简单，如果你依靠的人、依靠的力量倒了，你还能站立吗？你也只能跟着倒啊！这样的事例实在是太多了。回到朱子的注解上来：不偏不倚，就是公正，不偏袒任何一方；独立，不依赖任何力量。这样，‘中’，不偏不倚，就既是一种观察事物处理问题的方法，也是一种为人处世、安身立命的态度。你们认为有道理吗？”

“有道理。”昭梿马上说，“老师，您再举例分析分析。”

“好！”谢振定想想说，“比如，有人依靠乾隆爷，又要更多的人依靠自己，这就不是‘中’，不是‘中立而不倚’。再比如，昭梿，你有依靠父亲的想法吗？”

“没有。”昭梿立马摇头。

“你仔细想想，”谢振定微笑着启发昭梿，“你再仔细想想，你内心深处，是不是想过，我反正可以承袭礼亲王呢？”

昭梿呆了，眼睛直直的，好一会，才重重地点了一下头。

“这就是‘倚’，”谢振定微笑着说，“你不是‘倚’父亲，而是‘倚’礼亲王，没有达到‘中’的境界。”

昭梿忽然扑通一声，跪在地上：“老师，我懂了。”

二十三

嘉庆四年，注定是极不平凡的一年。

正月初四日，乾隆爷驾鹤西游。

正月初八日，和珅被革职，下狱治罪。

正月十一日，嘉庆帝宣布和珅二十大罪状，谕众知之。

正月十八日，和珅受赐自尽。

倚着和珅的很多人，跟着倒了一大片。如东阁大学士兼署刑部尚书苏凌阿，就被革职拿问；金衢严道王钟健也被革职。

京师官场，呈现出一派欣欣向荣的新气象。

十月二十二日，谢振定奉旨：著加恩以额外主事用。

十一月十八日，雪后初晴，阳光格外灿烂，空气格外清新，谢振定足蹬油钉鞋，走出上斜街乐恺堂，一步一步，朝棋盘街走去，虽然辛苦，却心情愉悦，穿过正阳门，走过棋盘街，快到礼部门口时，心中忽然涌起一种别样的感情，停停，便张口吟道：

心似天光一样明

…………

2023年9月25日初稿　湖南涟源

2024年4月2日二稿　海南临高

后　记

前年春天，一位朋友得知我在写烧车御史谢振定时，不无担忧地问我：你写这么一位知名度不高的小人物，有价值吗？

朋友的担心不是没有道理：谢振定官阶仅为从五品，只能算是小人物；虽然《清史稿》有传，知名度确实不高。但我没有因此搁笔。因为我的心，早已被谢振定牢牢系住。

最先打动我的，是谢振定的铮铮铁骨。2003年仲夏的一天，我初次走进谢振定的故居——涟源市金石镇乐恺堂，御史烧车的故事，瞬间就攫住了我。我久久地在乐恺堂里徘徊，写作的种子也就悄然萌芽。乾嘉之交的和珅，是乾隆帝的亲家、内阁大学士、军机大臣、一等忠襄公，权倾朝野，气焰嚣张，顺之者昌，逆之者亡。朝中大员竞相巴结。一个从五品的监察御史，却在太岁头上动土，一把大火烧了其豪华座车（妾弟违制乘坐），需要多大的勇气啊！

更使我倾心的，是谢振定作为先行者的姿态。谢振定那惊天一烧，绝非匹夫之勇，而是其灵魂深处的思想，借其独立人格所迸发出的光辉。谢振定不仅具有非凡之勇，而且学养深厚，负经世之才，“以学问经济传”，其人品、学识，深刻影响了陶澍、贺长龄、魏源、曾国藩等人，实为湖南近现代人才群体的先行者，是湖湘风骨的标志性人物。陶澍为宦之初，与谢振定有七年交集，深受其熏染。谢振定逝世后，陶澍在祭文中称其“壮志方长，贻谋伊始”。“贻谋”意为父祖对子孙的训诲。陶澍用此一词，足见其对谢振定的敬重。曾国藩则是在谢振定这位家乡先贤的传说和诗文熏陶中成长起来的。他曾写诗称颂“我昔曾读《知耻集》，憾不追逐参翔翱”“一朝烧车震都市，骢马御史真人豪”。完全可以说，谢振定虽是小人物，却有大作为，影响极其深远。

自2003年始，十数年间，我陆续从湖南图书馆、湖南博物院、中国第一历史档案馆，收集到谢振定的《知耻斋诗文集》《补遗》及全部奏稿，几位好友也从故宫博物院、北大图书馆、通州档案馆、中国漕运博物馆及民间族谱中帮我收集到一些资料，我还在其他史料中寻觅到蛛丝马迹。埋首于故纸堆里，谢振定的形象逐渐在我脑海里清晰起来。纸上得来终觉浅，我又沿着谢振定的足迹，从涟源乐恺堂到长沙岳麓书院，从京城翰林院、都察院到通州坐粮厅等遗址，再到江南贡院、京口、瓜洲、扬州、淮安，走了一遍又一遍。冥冥之中，我仿佛看到了他的身影，听到了他的声音。于是，我选取他人生中出任监察御史这一片段，演绎出了《守道》这部小说。

我想，能够穿越时空、烛照人心的，不是显赫的官阶、煊赫的名声，而是其灵魂深处所发出的光辉。我未能完整描写谢振定的整个人生，也未能充分刻画谢振定的内心世界，只是借其熠熠之光，勾勒出一个先行者的背影。

但愿谢振定灵魂深处所发出的光辉，能偶尔照见我们内心的幽暗。但愿这个先行者的背影，能对在迷茫中彷徨的我们有所指引。

2025年6月29日